AF166568

Forschung und Entwicklung in der Erziehungswissenschaft

Herausgegeben von
R. Treptow, Tübingen

Herausgegeben von
Prof. Dr. Rainer Treptow
Universität Tübingen

Katharina Hauser

Julie Aichele

Eine pädagogisch-biografische Sicht auf alltagsnahe Psychotherapie

Mit einem Geleitwort von Prof. Dr. Rainer Treptow

 Springer VS

RESEARCH

Katharina Hauser
Tübingen, Deutschland

Springer VS
ISBN 978-3-531-18588-0   ISBN 978-3-531-19126-3 (eBook)
DOI 10.1007/978-3-531-19126-3

Die Deutsche Nationalbibliothek verzeichnet diese Publikation in der Deutschen National-
bibliografie; detaillierte bibliografische Daten sind im Internet über http://dnb.d-nb.de
abrufbar.

Einbandentwurf: KünkelLopka GmbH, Heidelberg

Gedruckt auf säurefreiem und chlorfrei gebleichtem Papier

Springer VS ist eine Marke von Springer DE.
Springer DE ist Teil der Fachverlagsgruppe Springer Science+Business Media
www.springer-vs.de

Geleitwort

Es gehört zur Grundidee dieser Buchreihe, exemplarisch auch den Ertrag von Qualifikationsarbeiten von Absolventen vorzustellen, sofern sie einen Beitrag zum Zusammenhang von Forschung und Entwicklung in der Erziehungswissenschaft leisten. Katharina Hausers Arbeit gehört dazu. Sie selbst ist praktisch engagiert in der heute noch wirkenden Kinder- und Jugendhilfeeinrichtung im schwäbischen Beuren, die den Namen Julie Aicheles trägt. Hausers Abschlussarbeit im Rahmen des Tübinger Diplomstudiengangs dokumentiert einen eigenständig gefundenen Zugang zum pädagogischen Denken und Handeln einer bislang wenig thematisierten Grenzgängerin, die zu Beginn des zwanzigsten Jahrhunderts ihre Arbeit mit Kindern zwischen Pädagogik und Psychotherapie ansiedelte.

Julie Aichele unternahm, so zeigt die Verfasserin, eine Gratwanderung, die, wie die heutige Sozialpädagogik es sehen könnte, die Nähe psychotherapeutischen Denkens zur alltäglichen Lebenswelt suchte und die psychotherapeutische Hilfe in pragmatische Kontexte stellte. „Psychotherapie auf der Treppe" – dieses Bonmot charakterisiert zugleich eine Verbindung zwischen dem Wissen der Expertin und den Lebensformen ihrer Adressaten. Hauser zeigt, wie die Aufarbeitung von nur zum Teil veröffentlichten Dokumenten aus Archiven und privaten Nachlässen mit Zeitzeugeninterviews auf erhellende Weise kombiniert werden kann. In ihrer methodischen Zusammenführung unterschiedlicher, teils mühevoll gefundener Quellen gelingt der Verfasserin so eine biographische Portraitskizze Julie Aicheles.

Bemerkenswert sind die Kontextualisierungen ihrer theoretischen Annahmen, die im Blick auf einige zeitgenössische Diskurse zur Psychoanalyse vorgenommen werden. In ihrer Ausführung über „das schwierige Kind" ordnet die Verfasserin, die wichtigsten Linien psychotherapeutischer Strömungen der Kinderpsychologie geschichtlich zu und erläutert den Einfluss von Melanie Klein und Anna Freud. Gründung und Aufbau des Kinderheimes, das Julie Aichele leitete, werden nachvollzogen, ergiebig ist zu lesen, wie die Prozesse voran gingen, aber auch von Rückschlägen gekennzeichnet waren, schließlich wie das Denken Julie Aicheles sich von der Psychologie von C.G. Jung beeindrucken ließ. Wir bekommen einen Einblick in die Beschreibungsweise der Adressatinnen, der Rolle der Mitarbeiterinnen und der Struktur des Alltags im Heim. Jenes

Diktum von der „Psychotherapie auf der Treppe" wird zu einer Chiffre, die die pragmatische und auch gelegenheitsorientierte Praxis betont, aber auch Anklänge zur Arbeit August Aichhorns oder Siegfried Bernfelds erkennen lässt.

Alles in allem haben wir es mit einem Beitrag zu tun, der nicht zuletzt auch in illustrativer Hinsicht die Informationslage zu Leben und Werk Julie Aicheles erweitert und zugleich vertieft.

Rainer Treptow

Inhalt

1 Einleitung

Ich wollte [die Kinder] ... nicht behandeln,
nicht einmal erziehen. Ich wollte mit ihnen
leben und ihnen jene Pflege des ganzen
Menschen angedeihen lassen, die mir
zur richtigen Entfaltung notwendig
erschien.
(Julie Aichele 1887-1946)

Drei Jahre vor ihrem Tod bringt Julie Aichele diese Worte zu Papier. Sie stehen am Ende eines Lebens, welches sie gänzlich der Erziehung des Kindes widmet. Einer Erziehung, die auf den ersten Blick keine Erziehung zu sein scheint, sondern „lediglich" in der „Pflege des ganzen Menschen" begründet ist. Doch welcher Sinn und welche Wirklichkeit liegen hinter dieser Aussage verborgen? Und wer ist dieser Mensch, der sich solch ungewöhnlichen Erziehungsvorstellungen verschreibt? Derlei Fragen und Gedanken kamen auf, als ich begann, mich eingehender mit jener Frau zu beschäftigen, die Anfang des 20. Jahrhunderts ihre theoretischen Überlegungen und ihre praktische Arbeit dem Geist ihrer Zeit entgegenstellte.

Neben ihrer reichhaltigen und schicksalhaften Biographie, die sich über drei Zeitepochen erstreckt, ist vor allem ihr für die damalige Zeit fortschrittliches Denken bezüglich der Erziehung des Kindes hervorzuheben, welches jedoch nicht in der Theorie verhaftet bleibt, sondern unter dem Einfluss persönlicher Erfahrungen sowie der Auseinandersetzung mit der Analytischen Psychologie von C. G. Jung in ihrem Heim für psychisch kranke Kinder zum Tragen kommt.

Ihrem gesamten Schaffen liegt ein dialektisches Prinzip zugrunde. Hierbei bilden theoretisches Denken und praktisches Handeln eine Synthese in ihren hinterlassenen Schriften. Diese decken ein umfangreiches Spektrum ab, welches von Erziehungsratschlägen, über Reflexionen von Beobachtungs- und Behandlungsmethoden, bis hin zu einer Annäherung an eine konkrete Konzeption der Erziehung reicht.

Als wäre dies nicht Grund genug, sich diesem Themengebiet anzunehmen, wurde meine Motivation dadurch verstärkt, dass ich selbst in persönlichem Bezug zu Julie Aichele und ihrem gegründeten Kinderheim stehe. Als pädagogische

Mitarbeiterin arbeite ich im „Haus Aichele", welches die Zeit überdauert hat und heute wie damals eine Einrichtung für psychisch kranke Kinder ist. Dies brachte mir einerseits das Wohlwollen befragter Zeitzeugen[1] entgegen, andererseits erleichterte es mir auch den Zugang zu den Materialien.

Beim Lesen und in der weiteren Vorgehensweise war es nötig, sich in die Zeit und Welt von Julie Aichele einzufühlen, um sie zu verstehen und daran teilzuhaben. Diese Aufgabe stellt sich auch dem Leser der vorliegenden Arbeit, der aufgrund des historischen Charakters einen zeit- und kontextabhängigen Fokus einnehmen muss, um sich diesem weiten und facettenreichen Themengebiet anzunähern. Der Umfang des Materials erfordert eine Auseinandersetzung mit unterschiedlichen Fachdisziplinen, die weit über die Pädagogik hinausreichen, was dazu führt, dass hier von einer interdisziplinären Arbeit gesprochen werden kann. Fehlenden wissenschaftlichen Grundlagen bezüglich Leben und Werk von Julie Aichele wurde mit tiefgehenden Recherchen begegnet, um eine möglichst umfassende Darstellung zu erhalten.

Forschungsstand

Um den aktuellen Forschungsstand, der über Julie Aichele und ihre Annäherung an ein theoretisches Konzept der Erziehung vorherrscht, aufzuzeigen, wurden Recherchen innerhalb wissenschaftlicher Literatur sowie im Internet durchgeführt. Kurze Passagen über Julie Aichele finden sich beispielsweise im Zusammenhang mit Psychoanalyse und Nationalsozialismus, zum einen in einer Publikation von Regine Lockot (1985) und zum anderen in einem Aufsatz von Klaus W. Oberborbeck (1992). Des Weiteren widmet ihr Jutta von Graevenitz, eine enge Vertraute und gleichzeitig die Ärztin ihres Kinderheimes, in dem von Ludwig Pongratz im Jahre 1973 erschienenen Werk „Psychotherapie in Selbstdarstellungen" ein paar Zeilen. Kirsch (2007) erwähnt einen *Jungschen* psychologischen Arbeitskreis, an welchem Julie Aichele regelmäßig teilnimmt. Ferner wird ihr in einer Publikation von Lorenz und Schmauder (2004) im Zusammenhang mit der Frauenbewegung eine Passage gewidmet.

Die Verbindungslinien, die zwischen den eben erwähnten Publikationen und Julie Aichele bestehen, werden im Laufe der Arbeit aufgezeigt. Ein Anspruch auf Vollständigkeit hinsichtlich dieser literarischen Angaben kann jedoch nicht erhoben werden.

---

[1] In dieser Arbeit wird die männliche Form zur Vereinfachung verwendet und bezieht die weibliche Form in jedem Falle mit ein.

Auch die Internetrecherche brachte nur dürftige Ergebnisse. Ihr Name kann beispielsweise auf der Homepage der „Stuttgarter Akademie für Tiefenpsychologie und Psychoanalyse" innerhalb der geschichtlichen Chronik des Instituts aufgefunden werden. Zum einen ist das Gründungsjahr ihres Kinderheimes vermerkt, zum anderen wird auch hier der *Jungsche* psychologische Arbeitskreis aufgeführt, dem Julie Aichele in den 1930er Jahren angehört. In der Online-Ausgabe des Beurener Mitteilungsblattes wird sie von Dieter Pipiorke zum Gedenken an den Volkstrauertag geehrt und auf der Internetseite der Kinder- und Jugendhilfeeinrichtung „Haus Aichele" unter der Rubrik „Geschichte" ebenso kurz erwähnt.

Monographien über Julie Aichele konnten auch nach intensiver Recherche nicht ausfindig gemacht werden. Lediglich in zwei Aufsätzen finden sich biographische und fachliche Abhandlungen, die sich dem Themengebiet mit jeweils unterschiedlicher Fragestellung annähern. Klaus W. Oberborbeck, ein Psychoanalytiker aus Hannover, beschäftigt sich als erster mit Julie Aichele. Im Jahre 1993 erscheint sein Aufsatz „Julie Aichele (1887-1946): Eine der wenigen Kindertherapeutinnen in Deutschland zwischen 1933 und 1945" in der Zeitschrift für „Analytische Psychologie".[2] Oberborbeck bettet hier Julie Aichele als Kindertherapeutin in den geschichtlichen Kontext ein und legt seinen Schwerpunkt auf therapeutische Elemente ihrer Arbeit.

Eine weitere Publikation über Julie Aichele findet im Jahre 2003 in die Öffentlichkeit. Anne Schaude widmet sich in ihrem Aufsatz „Wenn Seele und Geist sich wieder vereinen: Julie Aichele", jedoch hauptsächlich ihrer Biographie. Theoretische und therapeutische Elemente treten bei ihr in den Hintergrund. Der Aufsatz erscheint innerhalb einer Buchreihe über bekannte Fürsorgerinnen Nürtingens.[3]

Forschungsfragen und Zielsetzung

Dieser Arbeit liegen zwei Forschungsfragen zugrunde, die sich auf unterschiedliche Sachverhalte hinsichtlich Leben und Werk von Julie Aichele beziehen. Sie werden im Folgenden erläutert.

---

[2] Klaus W. Oberborbeck stellt dem „Haus Aichele" ein erweitertes Grundmanuskript dieses Aufsatzes zur Verfügung, welches in dieser Arbeit überwiegend Anwendung findet: Oberborbeck, Klaus W. (1999): Auf den Spuren der Entwicklung der Kindertherapie in Deutschland. Julie Aichele, eine der wenigen und fast vergessenen Kindertherapeutinnen vor 1945.
[3] Auch das Manuskript von Anne Schaudes Veröffentlichung dient dieser Arbeit als literarische Grundlage: Schaude, Anne (2002): Wo Seele und Geist sich wieder vereinigen können. Frau Julie Aichele.

Forschungsfrage I

In der ersten Forschungsfrage wird, unter Berücksichtigung verschiedener methodologischer Zugangsweisen, Julie Aicheles biographischer und beruflicher Werdegang nachgezeichnet sowie ihre Person in den historischen und wissenschaftstheoretischen Kontext eingebettet. Im Zuge dessen wird untersucht, inwieweit die eben genannten Faktoren maßgeblichen Einfluss auf die praktische Arbeit in ihrem Kinderheim hatten.

Forschungsfrage II

Die zweite Forschungsfrage zielt darauf ab, Julie Aicheles Gedanken zur Erziehung sowie ihr pädagogisch-therapeutisches Verfahren zu strukturieren, zusammenzufassen und daraufhin zu überprüfen, inwieweit hierbei von einem Erziehungskonzept gesprochen werden kann. Es wird angenommen, dass eine Annäherung ihrerseits an ein solches zwar bestand, sie diesem jedoch kein systematisches und konsequentes Vorgehen zugrunde gelegt hat.

Ziel dieser Arbeit ist es, ein Grundgerüst von Julie Aicheles Leben und Werk zu errichten. Dieses soll die Möglichkeit bieten hieran anzuknüpfen, um weitere wissenschaftliche Forschungen zu vertiefen und voranzutreiben.

Gliederung

Bevor die inhaltliche Auseinandersetzung mit der oben genannten Thematik beginnt, werden im zweiten Kapitel vorab die Methoden dargestellt, welchen sich bedient wurde, um die bereits angesprochene kaum vorhandene Quellenlage zu erschließen und zielgerichtet die zugrunde liegenden Fragestellungen zu beantworten. Hierbei handelt es sich um drei methodologische Zugangsweisen, die in praktischer Bearbeitung durchgeführt und in theoretischer Hinsicht erläutert werden. Diese sind: Archivrecherche, Experteninterviews und Qualitative Inhaltsanalyse.

Dem folgt im dritten Kapitel eine Biographische Skizze, in welcher die Rahmendaten von Julie Aicheles Leben nachgezeichnet werden. Es wird bewusst und ausdrücklich von Skizze gesprochen, da lediglich den zentralen lebensgeschichtlichen Ereignissen und Wendepunkten Raum geschenkt wird. Innerhalb dieses Kapitels erfolgt zusätzlich zur Biographischen Skizze eine mehrperspektivische Darstellung der Wesenszüge Julie Aicheles. Hier werden subjektive Betrachtungsweisen von Zeitzeugen wiedergegeben, die in unterschiedlicher Beziehung zu ihr gestanden haben und jeweils ihre eigene und ganz besondere Perspektive auf sie einnehmen.

Der biographische Aspekt wird im vierten Kapitel durch dessen Einbettung in einen historischen Kontext vertieft. Hier besteht nicht der Anspruch, diesen zu rekonstruieren, sondern vielmehr Schwerpunkte auf gesellschaftspolitische und bildungsgeschichtliche Strömungen zu legen, die in direktem Bezug zu Julie Aichele stehen. Es werden historisch wichtige Eckdaten abgesteckt und mit bildungsgeschichtlichen Rahmendaten verflochten. Aus der Fülle an Anmerkungen ihrerseits hinsichtlich dieser Aspekte wird ersichtlich, welche Bedeutung jenen beigemessen werden kann. So ist es unabdingbar, die prägende Wechselwirkung zwischen gesellschaftlichen Strömungen und ihrem persönlichen Werdegang aufzuzeigen.

Ergänzt wird die historische Einbettung im fünften Kapitel durch eine Darstellung der wissenschaftstheoretischen Fachdisziplin, mit welcher sich Julie Aichele beschäftigt hat. Das Thema ist hier das „schwierige Kind". Dieses Kapitel wird als Exkurs dargestellt und beschreibt unabhängig von ihrer Person das Phänomen von verhaltensauffälligen Kindern, deren Einordnung in ein gewisses Krankheitsbild nicht eindeutig bestimmt werden kann. Hierin wird ein Abriss der diesbezüglichen Entwicklung und Sichtweise vom Mittelalter bis zum Wirken von Julie Aichele gegeben.

Nachdem alle biographischen Bausteine zusammengesetzt sind, die für den weiteren Weg, den Julie Aichele geht, besondere Bedeutung haben, wird der Blick in den folgenden Kapiteln auf ihre praktische Arbeit gerichtet.

Im sechsten Kapitel erfolgt die Darstellung über ihr im Jahre 1922 gegründetes Kinderheim. Ihre Motivation, dieses überhaupt zu realisieren wird hier im Vorfeld herausgestellt. Im Weiteren wird deutlich, inwieweit ihr Weg zur *Jungschen* Psychologie Einfluss auf ihr Vorhaben hat und schließlich den Ausschlag für die Verwirklichung in dieser Form gibt. Auf Interviews und ihren autobiographischen Schriften beruhend, werden Angaben zu den Ausführungen des Hausbaus, zur Raumaufteilung sowie dem Klientel gegeben. Des Weiteren wird über die Herkunft und das Alter der Kinder, ihre spezifischen Symptome und den damit verbundenen Behandlungsmethoden berichtet. Am Ende wird der Bezug des Kinderheimes zum Berliner „Institut für psychologische Forschung und Psychotherapie" hergestellt, mit dem Julie Aichele in Kooperation stand.

Notwendig für das weitere Verständnis, beinhaltet das siebte Kapitel eine Darstellung der wichtigsten Elemente der *Jungschen* Psychologie, welche ihr als theoretische Grundlage für ihr praktisches Handeln dient. Die Kriterien für die Auswahl der Schwerpunkte ergaben sich aus der Interpretation ihrer Beschreibungen psychischer Phänomene. Ohne diese Grundlage sind ihre therapeutischen Deutungen und die daraus folgenden Behandlungsmethoden nicht zu verstehen.

Das achte Kapitel bildet den Hauptteil dieser Arbeit. Hierin erfolgt die Auswertung ihrer verfassten Schriften und der daraus resultierenden psychoanalytischen Erziehungsgedanken. Nach der Darstellung ihres theoretischen Erziehungsverständnisses sowie ihrem Bild vom Kind, erfolgt eine Implementierung der theoretischen Ansätze sowie eine Interpretation von Kindheit und Familie. Im Anschluss wird sich dem Spiel gewidmet, welches sie als *das* Mittel für eine gelungene Erziehung ansieht und in Bezug zu körperlicher und geistiger Entwicklung des Kindes setzt.

Daraufhin wird im Unterkapitel „Psychotherapie auf der Treppe" dargestellt, wie Julie Aichele durch praktisches Handeln mit neurotischen Kindern, reflektierend Folgerungen für eine psychoanalytische Erziehung zieht. Nachdem eine Indikation ihrer Interpretation von Störungen vorgenommen wird, erfolgt die Darstellung unterschiedlicher Behandlungsmethoden, welche Julie Aichele von der *Jungschen* Psychologie auf die Erziehung und Behandlung des Kindes überträgt. Aufgrund ihres empirischen Verfahrens und ihrer kasuistischen Darstellungsweise, wird in ihrem Sinne diese Form beibehalten und ihr Vorgehen an konkreten Beispielen erläutert. Den Schwerpunkt bilden hier die Eltern, da Julie Aichele diesen in Bezug auf das Kind eine besondere Bedeutung zuweist.

Dem folgt eine Zusammenfassung der potentiellen Faktoren, die ihrer Ansicht nach zu einer psychischen Erkrankung beim Kind führen können. Im letzten Teil wird aufgezeigt, welche Hauptfaktoren sie diesen Störungen als Ursache zugrunde legt.

Den Abschluss bilden eine Zusammenfassung des Vorausgegangenen sowie ein Ausblick auf weiterführende Arbeiten und Gedanken.

2 Methodologie

Die Ausgangslage einer bislang kaum bearbeiteten Rekonstruktion des Lebens von Julie Aichele sowie ihre Annäherung an eine theoretische Konzeption der Erziehung erfordern verschiedene methodologische Zugangsweisen, um neue Quellen zu eruieren und somit Sinn- und Wirklichkeitslücken zu schließen. Hierzu werden drei unterschiedliche empirische Methoden angewandt.

Die erste Methode stellt die Archivrecherche dar. Diese wird dazu benutzt, das bisher vorliegende lebensgeschichtliche Material zu erweitern und zu modifizieren.

Die zweite empirische Zugangsweise ist die des Experteninterviews, mit der ebenfalls versucht wird biographische Lücken zu schließen und darüber hinaus praktische Details über das Leben und die Situation in Julie Aicheles Kinderheim in Erfahrung zu bringen. Des Weiteren wird hier vor allem die Möglichkeit genutzt, eine mehrperspektivische Sichtweise bezüglich ihres Wesens und ihrer Persönlichkeit zu erhalten.

Die dritte Methode stellt die Qualitative Inhaltsanalyse dar. Diese kommt hinsichtlich einer Auswertung der von Julie Aichele verfassten Schriften zum Tragen. Unter Berücksichtigung einer bestimmten Forschungsfrage ist hier maßgebend, eine Annäherung an das theoretische Erfassen ihres praktischen Handelns zu erreichen.

Die Methodentriangulation, welche dieser Arbeit zugrunde liegt, hat nicht die Aufgabe, „die empirische Absicherung von Ergebnissen" (Gläser/Laudel 2009, S. 105) zu vergrößern, sondern birgt die Chance, in sich eine Betrachtungsweise zu erlangen, welche Leben und Werk von Julie Aichele möglichst vielfältig beleuchtet.

2.1 Archivrecherche

Die Archivrecherche ist ein Verfahren, welches hauptsächlich in der Geschichtswissenschaft Anwendung findet, jedoch auch für jeden anderen Wissenschaftsbereich eine Methode zur Quellenerschließung darstellt (vgl. Brenner-Wilczek/Cepl-Kaufmann/Plassmann 2006, S. 9). Sie bietet die Möglichkeit „eine andere Perspektive auf ein schon bekanntes Thema zu eröffnen oder aber gänzlich neue Erkenntnisse zu Tage zu fördern" (Brenner-Wilczek/Cepl-Kaufmann/Plassmann 2006, S. 29). Allerdings können mit Hilfe dieses Vorgehens „immer nur Bruchstücke einer Vergangenheit" (ebd., S. 65) beleuchtet werden. Dies wird indes berücksichtigt und somit ist die Archivrecherche eine bedeutende Methode zur lebensgeschichtlichen Rekonstruktion von Julie Aichele.

2.1.1 Vorbereitung

Im Vorfeld der Archivrecherche finden Anfragen bei der Stadt Stuttgart bezüglich Informationsmaterial über Julie Aicheles Schulbildung statt. Die Stadtverwaltung verweist einerseits direkt an die umliegenden Schulen, andererseits auf das Staatsarchiv Ludwigsburg. Nach Recherchen auf der Internetseite des Staatsarchivs können Historische Schülerinnen-Verzeichnisse der Jahre 1873-1900 (Staatsarchiv Ludwigsburg F 441 Bü 267; 389) sowie die Personalakten ihres Vaters (Staatsarchiv Ludwigsburg E 203 I Bü 7) und ihrer Schwester (Staatsarchiv Ludwigsburg E 203 I Bü 1903) ausfindig gemacht werden. Des Weiteren finden sich hier auch zwei Dokumente über das „Kinderheim der Julie Aichele" (Staatsarchiv Ludwigsburg E 191 Bü 3660; 4329).

Die Bestellung der Akten erfolgt über das Internet. Hier ist es nötig, Name und Verwendungszweck zu hinterlassen, da es generell üblich ist, den Kontext der Anfrage und das Erkenntnisinteresse bzw. die Themenstellung genau anzugeben (vgl. Brenner-Wilczek/Cepl-Kaufmann/Plassmann 2006, S. 32).

2.1.2 Archivbesuche

Die Archivbesuche werden „durch eine zielorientierte Ausarbeitung der Themenstellung" (Brenner-Wilczek/Cepl-Kaufmann/Plassmann 2006, S. 29) vorbereitet. Dies erfolgt auf der Basis der vorhandenen, bereits erwähnten Sekundärliteratur von Oberborbeck (1999) und Schaude (2002; 2003). Hieraus werden Kontextinformationen gefiltert und zusammengetragen sowie wichtige Eckdaten verinnerlicht. Die drei Aufsätze werden als Informations- und Gedächtnisstütze mit in die Archive genommen. Die bestellten Akten liegen am darauf folgenden Tag vor und können eingesehen werden. Auf der Vorderseite sind sie jeweils mit ihrer Bestandsnummer versehen und beinhalten zahlreiche lose Blätter. Da die Akten Unikate darstellen, dürfen sie weder ausgeliehen noch eigenständig Kopien davon angefertigt werden (vgl. Brenner-Wilczek/Cepl-Kaufmann/Plassmann 2006, S. 39).

2.1.3 Ergebnisse

Durch die Archivrecherche können viele wertvolle Informationen gewonnen werden. Diesbezüglich weniger über die Person Julie Aichele als vielmehr über ihre Familienangehörigen und ihr Kinderheim. Die Frage nach ihrer Schulbildung kann trotz zahlreicher telefonischer Anfragen bei verschiedenen Schulen, Recherchen in den Archiven sowie Gesprächen mit den zugehörigen Archivaren nicht beantwortet werden.

2.2 Experteninterviews

Das Experteninterview stellt eine besondere Art des qualitativen und leitfadengestützten Interviews dar. Es wird davon Gebrauch gemacht, um Zeitzeugen zu befragen, die in unterschiedlicher Beziehung zu Julie Aichele gestanden haben.
  Die Definition des „Experten" folgt oftmals keinen klaren Kriterien (vgl. Meuser/Nagel 1991, S. 442 ff.). In diesem Fall werden die Zeitzeugen mit dem Begriff „Experten" ausgezeichnet, da sie ein besonderes Wissen über Julie Aichele besitzen und das Experteninterview eine Methode darstellt, um solch ein Wissen zu erschließen (vgl. Gläser/Laudel 2009, S. 12).
  Da es sich bei den „Experten" jedoch um Zeitzeugen handelt, kann keine „Konstruktion von Wirklichkeit" (vgl. Hitzler/Honer/Maeder 1994) stattfinden, sondern lediglich eine vage Konstruktion von Vergangenheit. Hierbei ergibt sich das Risiko einer Verzerrung der Tatsachen, da über die Jahre hinweg die Erinnerungen der Menschen angereichert wurden. Trotz dieser vorliegenden Problematik und der damit einhergehenden subjektiven Betrachtungsweise – und dies trifft sowohl auf die Archivrecherche als auch auf die Experteninterviews zu – sollte jedoch wenigstens der Versuch gewagt werden, „die Zeugen dieser Vergangenheit zu befragen" (Brenner-Wilczek/Cepl-Kaufmann/Plassmann 2006, S. 65).

2.2.1 Forschungsfrage

Jede Forschungsfrage, die einer empirischen Untersuchung zugrunde liegt, hat das Ziel, eine bestimmte Wissenslücke zu schließen sowie dem bisherigen Wissensbestand Neues hinzuzufügen (vgl. Gläser/Laudel 2009, S. 62 ff.). Die Forschungsfrage muss deshalb hinsichtlich der Rekonstruktion einer Biographie sowie der Annäherung an eine theoretische Konzeption der Erziehung entworfen werden. Da die Experteninterviews im Anschluss an die Archivbesuche stattfinden, können die gewonnenen Informationen sowie die Angaben der Sekundärliteratur bereits miteinbezogen werden.

2.2.2 Leitfaden

In den Experteninterviews findet ein offener Leitfaden Anwendung, welcher nach Meuser und Nagel „die technisch saubere Lösung der Frage nach dem Wie der Datenerhebung zu sein" (1991, S. 448) scheint. Die Nutzung eines Leitfadens schließt aus, „daß das Gespräch sich in Themen verliert, die nichts zur Sache tun, und erlaubt zugleich dem Experten, seine Sache und Sicht der Dinge zu extemporieren" (ebd.). Der Leitfaden wird unbürokratisch und undogmatisch gehandhabt und findet „im Sinne eines Themenkomplexes und nicht im Sinne eines standardisierten Ablaufschemas" (Meuser/Nagel 1997, S. 487) Verwendung. Fragen werden immer dann hinzugefügt, wenn sich neue interessante Aspekte ergeben, die zusätzlicher Informationen bedürfen (vgl. Gläser/Laudel 2009, S. 152). Es wird bei jedem Experteninterview derselbe Leitfaden zugrunde gelegt, dessen Fragen je nach Bedarf ergänzt oder modifiziert werden.

2.2.3 Auswahl der Interviewpartner

Im „Haus Aichele" besteht vor Ort die Möglichkeit, nach Zeitzeugen zu forschen. Eine Auswahl der Interviewpartner muss jedoch nicht vorgenommen werden, da nur wenige Menschen zur Verfügung stehen. Nachdem die Kontaktdaten von Herrn Peter Möhrle ermittelt werden können, welcher im Jahre 1943 als elfjähriger Junge im Kinderheim ist, wird das erste Interview durchgeführt.

Hildegard Aichele, eine Nichte Julie Aicheles, welche in ihrer Jugend vor allem die Ferien im Kinderheim verbringt, stellt sich neben Peter Möhrle ebenso als Interviewpartner zur Verfügung. Sie vermittelt auch den Kontakt zu Irmgard Bosch, der Tochter der ehemaligen Ärztin und engen Freundin von Julie Aichele, Jutta von Graevenitz. Des Weiteren geht in dieser Zeit im „Haus Aichele" eine Postkarte von Eugenia Mahron ein, die mitteilt in der Kriegszeit dort gewohnt zu haben. Es stellt sich heraus, dass es sich um die Tochter des ehemaligen Lehranalytikers von Julie Aichele, Dr. Wolfgang Stockmayer, handelt. Auch das Patenkind von Julie Aichele kann ermittelt werden, sie stirbt jedoch eine Woche vor Kontaktaufnahme.

2.2.4 Durchführung

Die Interviewpartner werden vor der Untersuchung über das Ziel und die Rolle, welche sie innerhalb des Interviews einnehmen, aufgeklärt. Einer Aufzeichnung mittels Tonbandgerät stimmen alle vier Interviewpartner zu. Ergänzend werden sie darauf hingewiesen, dass ihre persönlichen Daten vertraulich behandelt und geschützt werden (vgl. Gläser/Laudel 2009, S. 144). Sie verzichten jedoch auf eine Anonymisierung und möchten stattdessen gerne mit Namen genannt werden.

Auf die klare Rollenverteilung zwischen Forscher und Interviewpartner wird geachtet, ebenso auf die „kulturell festgelegte[n] Kommunikationsregeln und Konventionen" (ebd., S. 112). Eine besondere Bedeutung kommt der Eingangsphase zu, die so angenehm wie möglich gestaltet werden sollte, da „sich zu Beginn das Klima des Interviews herausbildet, die Rollen der Gesprächspartner definiert werden und sich ein bestimmtes Niveau der Kommunikation einstellt" (ebd., S. 147). Diese „Anwärmfrage", wie sie Gläser und Laudel nennen, wird bei dem jeweiligen Interviewpartner in Bezug zu seiner Rolle gesetzt, welche dieser innerhalb des Kinderheimes innehatte. Im Falle von Irmgard Bosch wird deshalb die erste Frage hinsichtlich ihrer Mutter Jutta von Graevenitz gestellt, bei Eugenia Mahron entsprechend ihrem Vater Wolfgang Stockmayer. Bei Peter Möhrle zielt die Eingangsfrage darauf ab, wie er in das Kinderheim gekommen ist und welche Kontakte bereits vorab bestanden haben. Bei Hildegard Aichele richtet sich die erste Frage nach der Persönlichkeit ihrer Tante. Da hier schon Vorgespräche stattgefunden haben, wird es als legitim empfunden, dies gleich zu Beginn des Interviews in Erfahrung zu bringen.

Diese Herangehensweise führt bei der Durchführung aller Interviews zu einem positiven Gesprächsverlauf.

2.2.5 Auswertung

Die Analyse der Interviews wird bezüglich der ersten drei Schritte in Anlehnung an die Auswertungsmethode von Meuser und Nagel (vgl. 1991, S. 451 ff.) durchgeführt. Das weitere Vorgehen wird abgeändert und das Verfahren, welches der weiteren Bearbeitung zugrunde liegt, im Anschluss erläutert.

2.2.5.1 Transkription

Im Gegensatz zu biographischen Interviews ist die Transkription der vollständigen Tonaufnahme bei Experteninterviews nicht der Normalfall. Deswegen bleiben hier Passagen, die für die Themenstellung nicht relevant erscheinen, unberücksichtigt. Auch wird auf ein aufwendiges Notationssystem verzichtet (vgl. Meuser/Nagel 1991, S. 455). Nonverbale Äußerungen wie Stottern, Husten oder Lachen werden nur in den Fällen transkribiert, in welchen sie den Äußerungen eine andere Bedeutung zuweisen. Sind die Antworten „Ja" oder „Nein" durch Lachen, Zögern oder Dehnung gekennzeichnet, wird dies vermerkt sowie nicht verständliche Passagen gekennzeichnet (vgl. Gläser/Laudel 2009, S. 193 f.). Der schwäbische Dialekt, den einige Interviewpartner sprechen, wird an den Stellen innerhalb derer nur der genaue Wortlaut Sinn ergibt, wiedergegeben. Ferner wird dieser in die Hochsprache überführt, gleiches gilt für Satzbau und Grammatik.

2.2.5.2 Paraphrasierung

Nach der Transkription wird der Text in eigenen Worten wiedergegeben, um den Gehalt an Äußerungen zu einem bestimmten Thema zu präzisieren. Die Paraphrasen, die hierbei gebildet werden, haben den Sinn die Komplexität zu reduzieren und das Textmaterial zu verdichten. Dadurch werden Muster der Argumentation deutlich und relevante Themen stellen sich heraus (vgl. Meuser/Nagel 1991, S. 456 f.).

2.2.5.3 Bildung von Überschriften

Zur weiteren Verdichtung des Textmaterials werden die Paraphrasen mit Überschriften versehen. Dies erfolgt durch ein Aufgreifen von speziellen Begriffen und Redewendungen, die von den Interviewpartnern benutzt werden. Passagen, die ähnliche oder gleiche Themen behandeln, werden zusammengestellt und eine Hauptüberschrift, die den Inhalt sämtlicher paraphrasierter Passagen abdeckt, formuliert. Somit kann eine Übersicht des Gesamttextes erreicht werden (vgl. Meuser/Nagel 1991, S. 457 f.).

2.2.5.4 Thematischer Vergleich

Passagen, die sich in den verschiedenen Interviews derselben Thematik widmen, werden zusammengefasst und mit Überschriften versehen. Wo es möglich ist, werden auch hier die Terminologien der Interviewpartner direkt aufgegriffen (vgl. Meuser/Nagel 1991, S. 459 f.). Übereinstimmungen von Aussagen, die sich in Bearbeitung des Thematischen Vergleichs ergeben, werden gekennzeichnet und verdeutlichen eine Gewichtung derselben.

2.2.5.5 Verwendung der ausgewerteten Interviewinhalte

Die Informationen, die durch die Interviews gewonnen werden, fließen an unterschiedlicher Stelle in die Gesamtarbeit ein, hauptsächlich jedoch in Kapitel 3.2 sowie in Kapitel 6.

2.3 Qualitative Inhaltsanalyse

Die von Julie Aichele hinterlassenen Schriften werden mit Hilfe eigens entworfener Schemata ausgewertet und im Anschluss daran an die Qualitative Inhaltsanalyse von Mayring (2008) adaptiert. Aufgrund des Kommunikationscharakters der Schriften wird das eigene Analyseraster durch theoretische Verfeinerungen, welche gerade dieses Verfahren in sich birgt, angereichert (vgl. Mayring 2008, S. 12).

2.3.1 *Festlegung des Analysematerials*

Zu Beginn der Analyse wird festgelegt, welche Schriften der Auswertung unterliegen. Dahingehend werden diese hinreichend studiert und mit Anmerkungen bezüglich des theoretischen Verständnisses versehen. Anschließend werden unter Berücksichtigung der Fragestellung vier Kategorien gebildet: „Wichtige Schriften", „Ergänzende Schriften", „Autobiographische Schriften" und „Sonstige Schriften". Unter Letztere fällt beispielsweise die „Grabrede" oder das „Erinnerungsblatt" einer ihrer Freundinnen. Mit Hilfe dieses „Corpus" werden die Traktate im Anschluss ausgewertet und deren Anzahl im weiteren Verlauf der Analyse nicht mehr verändert (vgl. Mayring 2008, S. 47).

2.3.2   Analyse der Entstehungssituation

Welches Ziel Julie Aichele mit dem Verfassen ihrer Schriften verfolgt, kann nicht eindeutig bestimmt werden. Vermutungen richten sich dahingehend, dass sie zu Ehren ihres Lehranalytikers Dr. Wolfgang Stockmayer ein Buch zu verfassen beabsichtigte und einige Schriften als Grundmanuskripte hierfür dienen sollten. Aufgrund ihres frühen Todes kann dieses Buch jedoch nie fertiggestellt werden (vgl. Oberborbeck 1999, S. 23).

Des Weiteren belegt Oberborbeck, dass Julie Aichele im Zuge ihrer Ausbildung zur „Behandelnden Psychologin" Dokumente über den Fall von „Psychogener Basedowscher Krankheit" am „Deutschen Institut für psychologische Forschung und Psychotherapie" in Berlin einreicht (vgl. ebd., S. 24).

Darüber hinaus werden einige Aufsätze in Zeitschriften veröffentlicht oder dienen als Vorlage für Rundfunkbeiträge und Referate (vgl. ebd., S. 33 f.).

2.3.3   Formale Charakterisierung des Materials

Die von Julie Aichele hinterlassenen Schriften werden vom „Haus Aichele" zur Verfügung gestellt. Sie liegen gebündelt in einem Ordner in schreibmaschinengeschriebener und kopierter Form vor. Darunter finden sich auch einzelne handschriftliche Dokumente. Welchem Entstehungszeitraum diese unterliegen, ist nicht genau feststellbar. Der Großteil der Originalschriften befindet sich im Privatbesitz von Julie Aicheles Nichte Hildegard Aichele, jedoch sind auch Irmgard Bosch und Eugenia Mahron im Besitz einiger Urfassungen. Die Schriften sind nicht immer mit Seitenzahlen versehen und deren Umfang variiert zwischen zwei und achtundvierzig Seiten. In einzelnen Dokumenten sind Vermerke sowie Unterstreichungen vorzufinden. Wer diese Anmerkungen vorgenommen hat, bleibt unbekannt.

In seinem Aufsatz über Julie Aichele erstellt Oberborbeck (1999) eine Bibliographie ihrer Schriften, welche in vorliegender Arbeit in erweiterter und abgeänderter Form übernommen wird.

2.3.4   Fragestellung und Richtung der Analyse

Die Fragestellung der Analyse richtet sich auf die von Julie Aichele entwickelten Erziehungsgedanken, die sie hauptsächlich in praktischer Arbeit mit psychisch auffälligen Kindern gewinnt. Absolut notwendig ist hier eine eingehende theoretische Auseinandersetzung mit der Psychologie von C. G. Jung und deren praktischer Umsetzung, womit an dieser Stelle schon die „explizierende" Auswertung des Materials angedeutet ist. Zu Beginn wird hier ein Basiswissen erarbeitet, um Fachbegriffe verstehen zu können und diese anschließend in einen Gesamtkontext einzubetten. Es werden nicht nur einzelne Textpassagen mit Hilfe der psychologischen Grundkenntnisse analysiert, sondern diese dienen als Vorlage, um die Schriften in ihrer Gesamtheit und ihrem Sinn überhaupt deuten zu können. Ergänzend wird sich auch der „engen Kontextanalyse" als Auswertungskriterium bedient (vgl. Mayring 2008, S. 77 ff.). Das „zusammenfassende" Verfahren, mit dessen Hilfe das Material verdichtet wird, findet ebenfalls Anwendung. Hierbei wird ein „überschaubare[r] Corpus" gebildet, der sich kongruent zum Ausgangsmaterial verhält (vgl. ebd., S. 58). Analog zur Auswertungsmethode der Experteninterviews werden auch hier zunächst Textpassagen paraphrasiert, wobei nichtinhaltstragende Bestandteile sogleich fallengelassen werden können. In einem weiteren Schritt findet eine Zusammenfassung der inhaltsgleichen Paraphrasen statt, die jeweils mit einer neuen Aussage wiedergegeben werden (vgl. ebd., S. 61).

2.3.5 Bildung von Kategorien

Die Kategorien werden in Korrelation zwischen Theorie und realem Material entwickelt (vgl. Mayring 2008, S. 53). Während eine Fragestellung auf die Motivation zur Gründung ihres Kinderheimes abzielt, verfolgt die andere eine Darstellung ihrer Annäherung an eine konkrete Konzeption der Erziehung. Hierzu werden jeweils noch Unterkategorien und Unterfragen gebildet, wobei eine „deduktive Kategoriendefinition" vorgenommen wird, welche sich zum einen direkt aus dem Material speist und zum anderen durch theoretische Überlegungen entwickelt wird. Hieraus ergibt sich ein Kategoriensystem zu einer bestimmten Fragestellung, welches mit konkreten Textpassagen verbunden ist (vgl. ebd., S. 74 ff.).

Am Ende bestätigt sich, dass die Qualitative Inhaltsanalyse „kein Standardinstrument" ist, sondern auf vorhandenes Material angepasst und auf die zugrundeliegende Fragestellung gerichtet werden kann (vgl. ebd., S. 43).

Mit Hilfe dieser empirischen Methoden konnte das bislang vorliegende biographische Material von Julie Aichele in entscheidendem Maße ausgedehnt werden.

3 Julie Aichele

Um sich nun auf inhaltlicher Ebene der Fragestellung anzunähern, wird im Folgenden ein Bild der Person Julie Aichele nachgezeichnet. Da eine möglichst facettenreiche Darstellung angestrebt wird, gliedert sich dieses Kapitel in zwei unterschiedliche Teile. Während in der Biographischen Skizze die recherchierten lebensgeschichtlichen Rahmendaten aufgeführt sind, werden diese im zweiten Teil durch subjektive Wesensbeschreibungen von Seiten der Zeitzeugen ergänzt.

3.1 Biographische Skizze

Am 27. Dezember des Jahres 1887 kommt Julie Sophie Aichele als jüngste Tochter des Präzeptors[4] Karl Julius Theodor Aichele und der Handarbeitslehrerin Katharina Marie, geb. Haag, in der kleinen Stadt Nürtingen, nahe Stuttgart zur Welt.

Ihre Kindheit und Jugend verbringt sie zusammen mit ihren beiden älteren Schwestern Katharina und Luise Amalie sowie ihrem jüngeren Bruder Karl-Friedrich Wilhelm in Stuttgart-Zuffenhausen[5], wohin die Familie bereits ein Jahr nach ihrer Geburt aufgrund einer neuen Anstellung des Vaters umsiedelt (vgl. Schaude 2003, S. 62).[6]

Die Eltern vermitteln ihren Kindern streng pietistische Normen und legen großen Wert auf religiöse Erziehung (vgl. ebd.; I2, Z. 507 ff.). Weitere Informationen hinsichtlich dieser Zeitspanne sind nicht bekannt. Auch die Frage nach der Schulbildung von Julie Aichele konnte nicht geklärt werden.[7]

---

[4] Präzeptor (lat. »Lehrer«): Schulmeister, Sprachlehrer (vgl. O.V. 1928, S. 1223).

[5] In den Ausführungen von Oberborbeck (1999) und Schaude (2002; 2003) wird lediglich angegeben, dass die Familie Aichele in Stuttgart gewohnt hat. Das „Adress- und Geschäftshandbuch der königlichen Haupt- und Residenzstadt Stuttgart für das Jahr 1895" liefert die genaue Adresse: Lorenzstraße 10, Stuttgart-Zuffenhausen (Archivbesuch am 07.01.2009 im Staatsarchiv Ludwigsburg).

[6] Karl Aichele hingegen gibt in seinem Testament an, aufgrund der Ausbildung der Kinder nach Stuttgart gezogen zu sein (vgl. Schaude 2003, S. 62).

[7] Mittels Historischer Schülerinnen-Verzeichnisse des Olga-Stifts und des Katharinen-Stifts (vgl. Staatsarchiv Ludwigsburg F 441 Bü 267; 389) wurde versucht der Schulbildung von Julie Aichele auf den Grund zu gehen. Ihr Name konnte jedoch in den eben genannten Verzeichnissen nicht vorge-

Außer dem Hinweis, dass sie wohl einige Zeit als „Kinderfräulein" tätig ist, gibt es keine näheren Angaben bezüglich einer berufsbildenden Tätigkeit (vgl. Staatsarchiv Ludwigsburg E 191 Bü 4329; 3660). Vermutet wird jedoch, dass sie zugunsten ihrer Geschwister auf eine eigene Ausbildung vorerst verzichtet (vgl. Aichele b, S. 6).[8]

Ihre älteste Schwester Katharina wird Studienrätin am Katharinenstift in Stuttgart und unterrichtet Englisch und Französisch (Staatsarchiv Ludwigsburg E 203 I Bü 1903; Schaude 2003, S. 62). Luise Amalie wird wie ihre Mutter Handarbeitslehrerin, ihr jüngerer Bruder Karl-Friedrich Wilhelm studiert Ingenieurwesen und arbeitet später als Gewerbelehrer in Tübingen (vgl. Oberborbeck 1999, S. 22 f.). Julie Aichele übernimmt die Versorgung und Pflege ihrer schwer kranken Mutter (vgl. Schaude 2003, S. 63). Neben deren organischer Erkrankung leiden Julie Aicheles Vater sowie ihre älteste Schwester Katharina zeitlebens an schweren psychischen Störungen (vgl. Staatsarchiv Ludwigsburg E 203 I Bü 7; 1903). Karl Aichele befindet sich während seiner gesamten Dienstzeit immer wieder in Behandlung in der „Kranken- und Irrenabteilung" des Bürgerhospitals Stuttgart. Die Ärzte diagnostizieren bei ihm in zeitlich kurzen Abständen unter anderem Nervöse Beschwerden, vorübergehende Herzstörungen, Schwindelempfindungen und Depressionen (vgl. Staatsarchiv Ludwigsburg E 203 I Bü 7). Schließlich wird ihm im Jahre 1913 angeraten sich zur Ruhe zu setzen, da aus ärztlicher Sicht „eine völlige Wiederherstellung mit dauernder Arbeitsfähigkeit ..., selbst bei günstigster Gestaltung der bezüglichen Faktoren, wie Luftkur oder Bäder nicht zu erwarten" (ebd.) sei. Während die Angaben über den Gemütszustand des Vaters sehr ausführlich und die Beschreibungen dahingehend sehr detailliert erfolgen, wird bei Katharina Aichele lediglich auf eine vorliegende psychische Erkrankung hingewiesen. Im Jahre 1926 kommt ein organisches Leiden hinzu, welches schließlich zu ihrem Tode führt (vgl. Staatsarchiv Ludwigsburg E 203 I Bü 1903). Geprägt durch die physischen und psychischen Leiden innerhalb ihrer Familie sowie ihres persönlichen Umfeldes, setzt sich Julie Aichele intensiv mit diesem Themengebiet auseinander. Um diesen Erkrankungen aktiv entgegenzutreten, beschließt sie deshalb im Alter von einundzwanzig Jahren einen Hof auf der schwäbischen Alb zu kaufen, um dort eine Einrichtung

---

funden werden. Weitere Nachforschungen bestanden darin, sich auf die Suche nach Volksschulverzeichnissen zu begeben. Diese werden jedoch nicht im Staatsarchiv aufbewahrt, stehen unter kirchlicher Verwaltung und können nicht eingesehen werden. In einem Gespräch mit den zuständigen Archivaren berichten diese, dass durch die beiden Weltkriege die gesamte Aktenlage stark dezimiert wurde und dass es deshalb für schwierig erachtet wird, weitere Forschungen hinsichtlich der Schulbildung von Julie Aichele zu betreiben. Eine „Generalkartei", in welcher alle Schulen bzw. alle Schüler aufgelistet sind, existiere nicht (Archivbesuch am 17.03.2009 im Staatsarchiv Ludwigsburg).
[8] Vgl. hierzu auch Schaude 2003, S. 63.

für psychisch kranke Kinder zu errichten. Aufgrund der nicht zur Verfügung stehenden finanziellen Mittel sowie der fehlenden Zustimmung der Eltern scheitert ihr Plan (vgl. Aichele 18, S. 1 f.).

Im Jahre 1913 siedelt Familie Aichele ein zweites Mal um. In ihrem neuen Wohnort Rüdern bei Esslingen, lebt sie allerdings nur drei Jahre, bevor sie zur befreundeten Familie des Kaufmanns Knecht nach Beuren bei Nürtingen umzieht. Die Jahre zuvor hatte die Familie Aichele immer wieder ihre Ferien dort verbracht (vgl. Oberborbeck 1999, S. 22; Schaude 2003, S. 62 f.). Der Gesundheitszustand der Mutter verschlechtert sich in den Folgejahren und Julie Aichele kümmert sich um die schwer kranke Frau, die schließlich am 12. Januar des Jahres 1919 verstirbt (vgl. Oberborbeck 1999, S. 22). Durch die lange Zeit der Pflege fällt Julie Aichele in einen schweren Erschöpfungszustand und gerät selbst in tiefe seelische Not (vgl. Aichele 32, S. 1). Dadurch kommt sie in Kontakt mit ihrem späteren Lehranalytiker – dem ersten Schüler von C. G. Jung in Deutschland (vgl. Aichele 18, S. 6) – Dr. Wolfgang Stockmayer, der großen Einfluss auf ihr Schicksal und ihren weiteren Lebensweg hat. Durch Stockmayer findet sie auch ihren Zugang zur *Jungschen* Psychologie (vgl. Aichele 32, S. 1). Ihre Lehranalyse, die sie bei ihm beginnt, setzt Julie Aichele im Anschluss daran bei Emma Jung, der Ehefrau von C. G. Jung, fort. Mit dem Ziel der Verwirklichung einer eigenen Einrichtung für seelisch kranke Kinder, beginnt sie eine psychotherapeutische Ausbildung. Diese wird damals noch nicht in Instituten vermittelt, sondern besteht hauptsächlich aus einer Lehranalyse, der Diskussion mit Fachkollegen und dem Studium entsprechender Literatur (vgl. Oberborbeck 1999, S. 2).[9] Dadurch findet sie ihren Lebensmut wieder und der Traum einer eigenen Einrichtung schlummert bereits erneut in ihren Gedanken (vgl. Aichele 18, S. 2).

Ihre ersten praktischen Schritte in der Arbeit mit psychisch auffälligen jungen Menschen wagt sie bereits im Haus der befreundeten Familie des Kaufmanns Knecht (vgl. I4, Z. 185 ff.; I3, Z. 66 ff.). Dies scheint für sie jedoch keine Lösung auf Dauer zu sein. Im Jahre 1922 erfüllt sie sich deshalb den Traum ihrer Jugend und errichtet ihr eigenes Kinderheim. Dieses ist zeitlebens mit hohen Schulden belastet und ihre körperliche Kraft wird durch den Hausbau und die Sorge dieses schließen zu müssen, schwer in Anspruch genommen (vgl. Aichele a, S. 1).

Wann Julie Aichele ihre pädagogisch-therapeutische Arbeit tatsächlich in dem neuen Haus beginnt, bleibt fraglich. Eugenia Mahron datiert den Zeitpunkt

---

[9] Dem akademischen Austausch wird sie innerhalb eines *Jungschen* psychologischen Arbeitskreises gerecht (vgl. Wesle o.J.).

zwar auf das Jahr 1926, ist sich diesbezüglich jedoch sehr unsicher (vgl. I3, Z. 49 ff.).

Im Zuge ihrer Ausbildung zur „Behandelnden Psychologin", wie dieser Beruf damals genannt wird, verschafft sie sich die Möglichkeit ihre Fachkenntnisse zu erweitern und ihr Wissen innerhalb dieses Themengebietes zu vertiefen. Obwohl hierzu gewöhnlich ein akademischer Abschluss notwendig ist, gelingt es Julie Aichele durch eine Sonderregelung auch als „'unstudiertes Mädchen'" diese Ausbildung zu beginnen (vgl. Aichele b, S. 9). Damit in Verbindung stehend, wird jedoch von ihr gefordert, unter ärztlicher Organisation tätig zu sein (vgl. Lockot 1985, S. 241 f.). Deshalb steht sie in ständiger Kooperation mit der Ärztin Jutta von Graevenitz, die die medizinische Verantwortung in ihrem Heim trägt und sich mit ihr in regem Austausch über die psychischen Störungen der kindlichen Patienten befindet (vgl. I2, Z. 91 ff.).

Dieser Berufsstand beinhaltet vor allem die Betreuung und psychotherapeutische Behandlung neurotischer Kinder (vgl. Oberborbeck 1992, S. 39). Die Dauer der Ausbildung beläuft sich auf zwei Jahre. Im Zentrum stehen die eigene Lehranalyse sowie praktische Arbeit und theoretische Reflexion (vgl. Lockot 1985, S. 241). Da dieser Ausbildungsgang an das „Deutsche Institut für psychologische Forschung und Psychotherapie" in Berlin unter Matthias Göring gekoppelt ist, absolviert sie dort ihr Abschlussexamen, indem sie einen Vortrag vor einem Prüfungsausschuss hält. Nach ihrem bestandenen Examen sowie einer schriftlichen Bestätigung von C. G. Jung über ihre therapeutische Befähigung, wird sie als ordentliches Mitglied des Instituts anerkannt und erhält die offizielle Praxisgenehmigung, als „Behandelnde Psychologin" tätig zu sein (vgl. Oberborbeck 1999, S. 2).

Der Zeitpunkt ihres Abschlussexamens ist nicht bekannt, auch nicht, welches Thema sie diesem zugrunde legt. Hildegard Aichele merkt jedoch an, dass dies vor 1939 gewesen sein muss, da Julie Aichele in Berlin Helene Wünsche kennenlernt, die in diesem Jahr nach Beuren kommt und dort bis 1957 als Therapeutin tätig ist (vgl. ebd., S. 25).

Julie Aichele arbeitet bis zu ihrem Tod als „Behandelnde Psychologin" in ihrem Kinderheim. Während ihrer praktischen Arbeit entwirft sie Manuskripte, in welchen sie ihr praktisches Wirken reflektiert. Sie engagiert sich vor allem im Bereich der Elternarbeit, verfasst Artikel über Kindererziehung in Zeitschriften und lädt pädagogisch-psychologisch interessiertes Publikum zu Fort- und Weiterbildungen in ihr Haus ein (vgl. ebd., S. 15 ff.; 33 f.; I4, Z. 247 ff.). Des Weiteren hospitieren bei ihr auch *Jungsche* Kindertherapeuten, die durch Seminare und Vorträge Kinder- und Jugendlichen Psychotherapie von ihr erlernen (vgl. Oberborbeck 1999, S. 3).

Im Jahre 1943 erkrankt Julie Aichele unheilbar an Krebs und verstirbt schließlich am 29. April 1946 in ihrem Kinderheim (vgl. Schaude 2002, S. 2). Sie bleibt zeit ihres Lebens unverheiratet und hat keine Kinder (vgl. Aichele b, S. 6 f.).

3.2 Mehrperspektivischer Blick auf Julie Aichele

Im Folgenden werden die Beschreibungen der Zeitzeugen hinsichtlich des Wesens und der Persönlichkeit von Julie Aichele wiedergegeben. Neben den Aussagen von Irmgard Bosch, Eugenia Mahron und Hildegard Aichele, stammt eine weitere Sicht von ihrer langjährigen Freundin Elisabeth Wießner, die in ihrem „Erinnerungsblatt" in gleicher Weise signifikante Merkmale ihres Wesens aufzeigt. Anzumerken ist, dass sowohl Hildegard Aichele als auch Irmgard Bosch in ihren Ausführungen von Julie Aichele als „Omi" sprechen.

3.2.1 „Leitstern": Eine Beschreibung von Irmgard Bosch

Julie Aichele wird von Irmgard Bosch als bodenständiger und volkstümlicher Mensch charakterisiert (vgl. I2, Z. 372 f.; 585 ff.; 359). Das Schwäbische, welches ihrem Wesen zugrunde lag, hebt sie besonders deutlich hervor und verstärkt dies durch ein Beispiel. Ihr ist in Erinnerung geblieben, wie Julie Aichele bei kreischendem Geschrei und Getobe in den Kinderzimmern die Tür geöffnet hat und laut hineinrief: „'Was isch en do bodda?!'" (I2, Z. 374 ff.).

Ihre Persönlichkeit beschreibt Irmgard Bosch als „eher einfach" (vgl. I2, Z. 593). Mit „einfach" meint sie jedoch nicht, dass sie sie in ihrem „Geiste" als einfach empfunden hat, sondern dass sie keinen „studierten Eindruck" auf sie machte. „Sie war eine Frau" (I2, Z. 592 f.).

Mehrmals betont Irmgard Bosch ihre humorvolle Seite, jedoch auch eine gewisse Unmittelbarkeit, die sie in diesem Sinne nicht näher ausführt (vgl. I2, Z. 423 ff.; 581 f.; 593). Des Weiteren macht sie auf Folgendes aufmerksam: „Sie hat immer eine gewisse Aura von Respekt um sich verbreitet, das hat sie immer, weil sie so eine Persönlichkeit war" (I2, Z. 579 ff.). Als Kind hat man sich deswegen schon sehr gescheut, der „Omi irgendwie zu missfallen" (I2, Z. 408 ff.).

Auch besaß Julie Aichele eine „gewisse Ironie", die Irmgard Bosch mit einem Beispiel belegt. Wenn sie sich über etwas furchtbar aufgeregt hat und nicht mehr weiter wusste, „dann hat sie sagen können: 'Oh Annebebele' so ungefähr 'Oh jetzt warte noch einmal eine Weile'" (I2, Z. 352 ff.).

Das Besondere an Julie Aichele seien ihre schönen Augen gewesen, so Irmgard Bosch (vgl. I2, Z. 583 f.). „Also das war etwas, was ich besonders an ihr bewundert habe, dass sie eben etwas Leidenschaftliches auch in den Augen hatte" (I2, Z. 584 f.). Diese verliehen ihr eine besondere Intensität und hatten eine außergewöhnliche Wirkung auf andere Menschen. „Sie hat einen ganz eindringenden Blick gehabt. Vielleicht haben dies manche auch als zu mächtig empfunden, das kann sein, aber mich hat das nicht gestört" (I2, Z. 595 ff.).

Die innige Beziehung, welche Irmgard Bosch zu Julie Aichele hegte, wird durch die Aussage, „ich habe sie einfach sehr gerne mögen und ich habe sie verehrt" (I2, Z. 187) verdeutlicht. Dahingehend beschreibt sie sie in einem Telefonat, welches bereits vor dem Interviewtermin stattgefunden hat als den „Leitstern" ihrer Jugend und benutzt innerhalb des Interviews zusätzlich das Bild des „Rettungsankers". Sie stand ihr in Zeiten bei, in welchen sie völlig verzweifelt und vom Leben überfordert war. In solchen Momenten fand Irmgard Bosch Trost bei Julie Aichele, die sie irgendwie aufrichtete (vgl. I2, Z. 195 ff.). „Sie hat eben meine Schwierigkeiten, die jeder pubertierende Jugendliche hat, eben total verstanden, auch meine Ideale" (I2, Z. 187 ff.). Sie hat sich „ganz auf einen eingelassen" (I2, Z. 321 ff.) und hat „Fragen der Freundschaft oder der Liebe oder wie weit darf man gehen, wenn man mit einem Jungen zusammen ist" (I2, Z. 325 ff.) beantwortet. „Diese Sachen hat sie einfach verstanden. Und da hat sie mir einfach auch irgendwie die Augen geöffnet" (ebd.). Das Besondere an diesen Gesprächen lag für Irmgard Bosch in der Art des Zuhörens, welches Julie Aichele gegeben war, ebenso in ihrem Verständnis. Wie sie das gemacht hat, bleibt nach Irmgard Bosch „eben das große Geheimnis" (I2, Z. 200 ff.). Dabei hat Julie Aichele ihr nicht immer nur Recht gegeben, „gar nicht, nein, nein, aber sie hatte die Fähigkeit es zu verstehen. Das ist schwer zu beschreiben" (I2, Z. 208 ff.). Jemand anderem, so Irmgard Bosch, hätte sie ihre Probleme und Sorgen gar nicht anvertraut (vgl. I2, Z. 206 f.). So beschreibt sie weitergehend, dass in bestimmten Situationen die wenigen Worte „Oh Annebebele" ausreichten und zu einer großen Beruhigung ihrerseits beitrugen (vgl. I2, Z. 365 f.). Dieses Beispiel überträgt sie auch auf ihr therapeutisch-pädagogisches Handeln. „Vieles war einfach wortlos" (I2, Z. 361). Diese Wirkung schreibt Irmgard Bosch der Reife und Persönlichkeit Julie Aicheles zu. „Aber was gewirkt hat an Therapie, das waren eigentlich die wenigen Worte, die man eben im Laufe des Tages mit der Omi sprechen konnte" (I2, Z. 419 ff.). Dabei hat sie „jeden im Auge gehabt" (I2, Z. 423 ff.), und „sie hatte immer die Aufmerksamkeit, weil sie auch die Omi war" (ebd.).

Des Weiteren stellt Irmgard Bosch die innige Verbundenheit, welche zwischen Julie Aichele und der Natur vorherrschte, in den Vordergrund. In prägender Erinnerung ist ihr ein Bild geblieben, mit welchem sie die Schwester eines

Kriegsgefallenen beschreibt: „Wie ein Baum, beugt sich, aber bricht nicht" (I2, Z. 339 f.). Dies sei „etwas vollkommen Naturhaftes [gewesen], was sie da empfunden hat, offenbar" (I2, Z. 350 ff.), so Irmgard Bosch. In ihrer Erinnerung sucht sie nach einer Person, mit welcher Julie Aichele vergleichbar wäre. Ihr fällt jedoch kein Beispiel ein, stattdessen äußert sie sich in ganz besonderer Weise: „Man kann Persönlichkeit nicht beschreiben" (I2, Z. 593 ff.).

3.2.2 „Prägende Persönlichkeit": Eine Beschreibung von Eugenia Mahron

Eugenia Mahron, heute fünfundneunzig Jahre alt, lebte als junge Frau einige Zeit im Kinderheim von Julie Aichele. In ihrer Jugend war sie dort in den Ferien als „Kinderfräulein" tätig (vgl. I3, Z. 94 ff.). Ihre Äußerungen in Bezug auf das Wesen von Julie Aichele sind im Gegensatz zu den Beschreibungen von Irmgard Bosch eher spärlich und neutral: „Sie war sehr interessiert an allem und sehr besorgt, auch um mich, auch sehr kollegial mit den Schwestern, Kindergärtnerinnen … und ja sehr dominant" (I3, Z. 222 ff.). Hier findet eine Verstärkung der Aussage von Irmgard Bosch statt, die von großem Respekt spricht, welcher Julie Aichele entgegengebracht wurde. Eugenia Mahron gibt darüber hinaus an, dass sie großen Einfluss auf die Gestaltung ihres Lebens hatte, was ihr jedoch erst im Alter richtig bewusst wurde (vgl. I3, Z. 369 ff.).

Weitere Beschreibungen bezüglich der Persönlichkeit von Julie Aichele werden von Eugenia Mahron nur noch in Zusammenhang mit Kindern geäußert, welche an anderer Stelle dieser Arbeit einfließen.

3.2.3 „Tante": Eine Beschreibung von Hildegard Aichele

Die Frage hinsichtlich einer Wesens- und Persönlichkeitsbeschreibung ihrer Tante beantwortet Hildegard Aichele damit, dass sie „eigentlich zu nahe dran" (I4, Z. 13 ff.) sei und weist damit auf den Verwandtschaftsgrad hin, der zwischen ihnen besteht. Trotzdem wagt sie einen Versuch. Die Aussage von Irmgard Bosch bestätigend, beschreibt sie Julie Aichele ebenso als sehr humorvoll und „wahrscheinlich in gewissem Sinne auch streng" (ebd.). Darüber hinaus stellt sie auch ihr großes Selbstbewusstsein in den Vordergrund, welches ihrer Ansicht nach nötig war, um solch ein großes Projekt, wie die Errichtung eines Kinderheimes in der damaligen Zeit in Angriff zu nehmen (vgl. ebd.).

Auch spricht sie von ihrer übergroßen Fürsorge und belegt dies mit einem Beispiel. Julie Aichele besuchte sie direkt nach dem Tod des Bruders, um sich zu versichern, dass es ihr gut gehe, obwohl es ihr große Mühe bereitete zu reisen (vgl. I4, Z. 38 ff.).

Die Ironie, welche von Irmgard Bosch bereits erwähnt wurde, bekräftigt Hildegard Aichele mit der Beschreibung folgender Situation: Julie Aichele lädt ein paar Kinder zu sich auf ihr Zimmer ein und als diese fragen: „'Sag mal Omi, müssen wir mit Frack und Zylinder kommen?'" (I4, Z. 152 f.), antwortet sie: „'Ha, selbstverständlich'" (I4, Z. 153). In einem weiteren Beispiel kommt ihre humorvolle Art ebenfalls zum Vorschein. Bevor sie die Reise zu einem Vortrag nach Berlin antrat, sagte sie: „'Ja, wenn ich do na muss, dann brauch i en neua Huat'" (I4, Z. 24 f.). Auch auf ihren schwäbischen Dialekt macht Hildegard Aichele aufmerksam. Sie berichtet, dass nach dem eben erwähnten Vortrag einer der „Herren" auf sie zukam und sagte: „'Oh Fräulein Aichele, das war wunderbar ihr Schwäbisch zu hören'" (I4, Z. 29 ff.).

Der Naturaspekt, den Irmgard Bosch erwähnt, wird durch einen Tagebucheintrag von Julie Aichele, den ihre Nichte vorliest, verstärkt:

> Der Baum, der im Sturm bis in die Wurzel erbebt, fühlt tief innen, dass er einmal nur lebt. Und mit neuer Wucht, eh der Sturm ihn bricht, treibt er die Wurzeln zur Tiefe und die Zweige ins Licht (I4, Z. 276 ff.).

Als besonderes und persönliches Erlebnis beschreibt Hildegard Aichele eine Begegnung mit ihrer schon schwer kranken Tante. Diese zeichnet mit „zitternder Hand" etwas auf und schildert dabei folgenden Vorgang:

> Der Mensch kommt auf die Welt und beschreitet seinen Lebensbogen. Wenn er ihn ganz durchschreiten kann, dann geht er auf der anderen Seite wieder ins Unsichtbare. Es ist immer ein Kreis, aber manche können weit gehen und manche nur kurz (...). Die Hauptsache ist aber, dass immer jeder Punkt auf diesem Weg, in der richtigen Entfernung zum Mittelpunkt ist, dass es ein wirklicher Kreis wird. Den Mittelpunkt, den darf man nicht verlieren (I4, Z. 295 ff.).[10]

„Das war mir ganz eindrücklich", so Hildegard Aichele (vgl. I4, Z. 301 f.). Welche Botschaft Julie Aichele ihrer Nichte hier vermitteln will, kann auch diese nicht eindeutig formulieren und muss deshalb unbekannt bleiben.

---

[10] Vgl. hierzu auch Aichele 26, S. 12.

3.2.4 „Sie schenkt sich selbst den Kindern ": Eine Beschreibung von Elisabeth Wießner

Ihre erste Begegnung mit Julie Aichele beschreibt Elisabeth Wießner als sehr eindrücklich und „ihr Blick, der zu Vertrauen einlud", machte „Mut ... sich vor ihr aufzuschliessen" (Aichele a, S. 1). In ihrem Wesen und der Verwirklichung ihres Kinderheimes sieht Elisabeth Wießner, „wie ein starker Glaube fähig ist Berge zu versetzen" (ebd., S. 2). Ihre liebevolle Hinwendung zu den ihr anvertrauten Menschen bewundert sie sehr und beschreibt, dass Julie Aichele diesen Einsatz „voll und ganz geleistet" (ebd.) hat. Auch hebt sie hervor, dass in ihrer Umgebung „kein Sorgengeist aufkommen konnte" (ebd.) und merkt ergänzend dazu an: „Wie hätte man sonst im Dorf das Haus Aichele als das 'Lachende Haus' bezeichnen können?" (ebd., S. 3). Darüber hinaus schreibt sie Julie Aichele zu, dass es wohl „in der Art des Gebens lag, dass die Kinder sich so reich beschenkt fühlten" (ebd., S. 5). Sie ist ein Mensch gewesen, der anderen gerne eine Freude bereitete, „und dass sie immer sich selbst schenkte, das war das Selbstverständliche" (ebd., S.3). In ihrem Wesen sieht Elisabeth Wießner „so gar nichts Verzärteltes" (ebd.). Vielmehr geht von ihr „ein zur Seite stehen voll Kraft und Humor [aus], das auch dem Schüchternen Mut machte zu sich selbst" (ebd.). Des Weiteren beschreibt sie „den Strom von Mütterlichkeit" (ebd.), der von Julie Aichele ausging. Die große Nähe, die sie zu den Kindern hatte, führt Elisabeth Wießner darauf zurück, dass „in ihr selbst das Kind noch lebendig war" (ebd.). Sie sei „als halber Bub aufgewachsen ... und im gemeinsamen Spiel schien sie oft selbst noch ein unbeschwertes Kind zu sein" (ebd.). Dies spürend sagte einmal ein kleines Mädchen zu ihr: „'Ich möchte dich Lotte heissen, das passt so viel besser zu dir, weil du wie eine junge, lustige Lotte bist'" (ebd.).

Nachdem nun die biographischen Eckdaten abgesteckt sowie anhand unterschiedlicher Perspektiven auf das Wesen und die Persönlichkeit Julie Aicheles geblickt wurde, erfolgt im Anschluss eine Bezugnahme zu ihrem historischen und bildungsgeschichtlichen Kontext.

4 Prägende gesellschaftspolitische und bildungsgeschichtliche Strömungen (1887-1946)

In den Jahren 1887-1946 – der Lebenszeit von Julie Aichele – werden die Menschen Zeugen gravierender politischer Umwälzungen und gesellschaftlicher Veränderungen. Inwieweit diese Aspekte die Lebensgeschichte eines Menschen in besonderer Weise prägen können, bringt Johann Wolfgang von Goethe im Vorwort zu seinem autobiographischen Werk „Dichtung und Wahrheit" mit folgendem Zitat zum Ausdruck:

> Denn dieses scheint die Hauptaufgabe der Biographie zu sein, den Menschen in seinen Zeitverhältnissen darzustellen und zu zeigen, inwiefern ihm das Ganze widerstrebt, inwiefern es ihn begünstigt, wie er sich eine Welt- und Menschenansicht daraus gebildet .... Hiezu wird aber ein kaum Erreichbares gefordert, daß nämlich das Individuum sich und sein Jahrhundert kenne, sich, inwiefern es unter allen Umständen dasselbe geblieben, das Jahrhundert, als welches sowohl den Willigen als Unwilligen mit sich fortreißt, bestimmt und bildet, dergestalt, daß man wohl sagen kann, ein jeder, nur zehn Jahre früher oder später geboren, dürfte, was seine eigene Bildung und die Wirkung nach außen betrifft, ein ganz anderer geworden sein (Goethe 1966, S. 7).

Dass auch Julie Aichele maßgeblich von Ereignissen und Strömungen ihrer Zeit erfasst und geprägt wird, erhält in folgender Ausarbeitung Raum.

4.1 Deutsches Kaiserreich und die Anfänge der reformpädagogischen Bewegung

Als Julie Aichele im Jahre 1887 geboren wird, befindet sich Deutschland gesellschaftspolitisch in der Zeit des Deutschen Kaiserreichs, dessen aristokratische Machtausübung gegen Ende des 19. Jahrhunderts in der Bevölkerung zu einer tiefen „Sehnsucht nach dem Echten und Wahren" (Meinecke 1941, S. 167) führt.[11] Die Industrialisierung schreitet im Eiltempo voran und eine enorme Ver-

---

[11] Vgl. hierzu auch Berg/Herrmann 1991, S. 1 f.

städterung, die mit einer explosiven Bevölkerungsentwicklung einhergeht, entsteht (vgl. Berg/Herrmann 1991, S. 3).

Während zu Beginn des 19. Jahrhunderts und den damit einschließenden Strömungen des Neuhumanismus, des Idealismus und der Romantik die personale Betrachtung des Menschen im Vordergrund steht, wird diese nun durch äußere Gesichtspunkte unpersönlicher Wertung abgelöst (vgl. Scheibe 1994, S. 30). Diese Entwicklungen schlagen sich auch im Erziehungssystem der damaligen Zeit nieder, dessen Wirklichkeit von einer allgemein starren und autoritären Haltung durchsetzt ist (vgl. ebd., S. 75). Die Phase der Kindheit dient allein der Eingliederung in die Gesellschaft der Erwachsenen und dem Kind als Individuum wird nur wenig Beachtung geschenkt (vgl. ebd., S. 57 f.). Stattdessen stehen Werte wie Pflichterfüllung, Fleiß und Korrektheit im Vordergrund (vgl. Berg 1991, S. 112).

Um die Jahrhundertwende mehren sich die kritischen Stimmen. Sehnsüchte nach dem Einfachen und Originalen werden artikuliert und gleichzeitig das Rationale, die Technik und das Urbane verworfen (vgl. Berg/Herrmann 1991, S. 3). Das bisherige Leben und die Umgangsformen erscheinen vielen Menschen als nicht mehr zeitgemäß. Sie begeben sich deshalb auf die Suche nach echten und natürlichen Gestaltungsmöglichkeiten ihres Daseins (vgl. Scheibe 1994, S. 28).

In Wechselwirkung mit den beschriebenen gesellschaftlichen Umbrüchen entsteht auch ein allgemeines Unbehagen gegenüber dem Erziehungssystem (vgl. Flitner 1984, S. 15). Einstimmig wird über die strenge Schuldisziplin und die drückende Autorität geklagt. Es entsteht ein Bewusstsein darüber, dass die überlieferten Umgangsformen und Methoden den Forderungen der Gesellschaft sowie ihren geistigen Ansprüchen nicht mehr genügen (vgl. ebd., S. 16 f.). Infolgedessen bilden sich hinsichtlich einer Veränderung des Erziehungssystems zahllose Gruppen und Vereinigungen, die unter dem Zwang der Autorität nicht mehr leben wollen (vgl. Flitner 2001, S. 24). Die reformpädagogische Bewegung nimmt ihren Anfang. In diesem Kontext kommt auch dem Kind eine völlig neue Rolle zu. Es tritt ins Zentrum erzieherischen Handelns und Denkens (vgl. Scheibe 1994, S. 57). Der Weg für „ein Verständnis des Kindes als Subjekt seiner Erziehung" (Flitner 2001, S. 30) wird damit frei. In seiner Wirklichkeit und seinem Wesen wird es „mit anderen Augen gesehen, als es die Gesellschaft jener Zeit und die ihr entsprechende Pädagogik bis dahin getan hatten" (Scheibe 1994, S. 57). Innerhalb dieser Bewegung wird gefordert, dass Kinder eigenständige Erfahrungen machen, ohne dass ein ständiges Einlenken der Erwachsenen erfolgt (vgl. Flitner 2001, S. 24 f.). „An die Stelle einer mißtrauenerfüllten Konfrontation und gegenwirkender Maßnahmen [tritt] das Verstehen, die Parteinahme für das Kind und die erzieherische Unterstützung" (Scheibe 1994, S. 60). Dem Erzieher wird die Aufgabe zuteil, die Individualität des Kindes zu respektieren, es ernst zu nehmen sowie den „Entwicklungsprozeß, in dem es sich befindet und durch den es sich in gewisser Weise ständig wandelt" (Scheibe 1994, S. 62) anzuerkennen.

Synchron mit der reformpädagogischen Bewegung wird auch die kinderpsychologische Forschung vorangetrieben (vgl. Flitner 2001, S. 28). Während im 19. Jahrhundert noch kaum Unterscheidungen zwischen seelischen Vorgängen bei Kindern und Erwachsenen getroffen werden, entwickelt sich nun, im Rahmen einer neuen Fachdisziplin, eine spezielle Psychologie des Kindes (vgl. Scheibe 1994, S. 61). „Damit hat diese Forschungsrichtung wesentlich dazu beigetragen, das Interesse auf das Kindesalter zu lenken und es in seinen spezifischen Merkmalen besser zu verstehen" (ebd., S. 62). Diese neuen und „utopischen" Vorstellungen können jedoch zu großen Teilen nicht in die Erziehungspraxis umgesetzt werden. So bleibt das folgsame und artige Kind noch lange Zeit „die Idealvorstellung von Kindsein überhaupt" (Berg 1991, S. 120).

Zusammenfassend lässt sich die Zeit um die Jahrhundertwende als eine Epoche beschreiben, die mit tiefgreifenden Veränderungen und Umwälzungen des gesellschaftlichen und politischen Lebens einherging (vgl. Herrmann 1991, S. 147).

Julie Aichele wird von dieser Umbruchzeit maßgeblich geprägt. Dies kann mit zahlreichen Passagen innerhalb ihrer Schriften belegt werden. Hierin kritisiert sie beispielsweise, dass sich der Mensch bezüglich seiner rationalistischen Betrachtungsweise immer weiter von seinem Geist und seiner Seele entfernt. Dies beinhaltet ihrer Ansicht nach eine Loslösung von dem eigenen „unmittelbaren Lebensgrund", womit der schöpferische Geist zu einem „unschöpferischen Intellekt" verkommt (vgl. Aichele 22, S. 1). Die Folge hiervon sieht sie in einer „Entwurzelung des menschlichen Bewusstseins" (ebd.). Aufgrund dieser „Zerdachtheit" sollte es deshalb Aufgabe jedes Einzelnen sein, „sich wieder zu einer Ganzheit zusammen[zu]schliessen" (ebd.). Darüber hinaus äußert sie sich in ihrer Schrift „Affekte, Triebe, Willensschulung" folgendermaßen:

> Nun sind wir aber die Kinder von Generationen, welche sich vom irrationalen, seelischen Geschehen abgewandt ... und sich ganz einseitig der Vernunft zugekehrt [haben]. Diese Bewegung scheint in unseren Tagen an ihren Endpunkt gekommen zu sein. An jenen Punkt, wo sie aus Lebensnotwendigkeit nicht mehr weiter gehen kann. Die 'Vernunft', diese grosse, herrliche Vorstellung des achtzehnten Jahrhunderts, ist zum reinen Intellekt geworden, der steril ist wie Spiritus oder sonst ein allzuweit vom Urgrunde Abgezogenes (Aichele 26, S. 12 f.).

Des Weiteren finden sich in ihren Aufsätzen überaus kritische Worte hinsichtlich des bestehenden Erziehungssystems. Für sie kommt diese Form der Erziehung mehr einer „Dressur" als einer Hilfe für das Kind gleich (vgl. Aichele 1, S. 5).

Auch setzt sie sich mit den reformpädagogischen Gedanken ihrer Zeit auseinander und kommt zu dem Ergebnis, dass die Betrachtungsweise, das Kind als eigene Persönlichkeit anzuerkennen, „ziemlich neu ist" (vgl. Aichele 2, S. 19).

Es kann hier festgehalten werden, dass sich Julie Aichele inmitten eines – ihrer Ansicht nach – altertümlichen Systems gesellschaftlicher und erzieherischer Vorstellungen befindet und dieses grundlegend verschmäht und negiert.

4.1.1 Frauenbewegung

Die Frauenbewegung tritt erstmals im 19. Jahrhundert als eine Erscheinung zutage, die ihre Wurzeln in einer Aufstellung der Rechte des Menschen hat sowie revolutionäre und demokratische Grundgedanken von Freiheit, Gleichheit und Brüderlichkeit in sich trägt (vgl. Scheibe 1994, S. 32). Sie geht aus dem Motiv einer Enthaltung der Bürgerrechte für die Frau hervor, die weder wählen noch Mitglied einer politischen Organisation werden kann (vgl. Berg/Herrmann 1991, S. 8). Zudem hat sie „keinen Zugang zu öffentlichen Ämtern und man erwartet von ihr kein überfamiliäres Interesse und keine eigene Meinung auf diesen Gebieten" (Scheibe 1994, S. 33). Aus bildungstheoretischer Sicht kommt die Frau nicht über eine Volksschulbildung hinaus, es besteht kein Zugang zu Universitäten und somit auch nicht zu akademischen Berufen (vgl. ebd.).

Das Ziel der Frauenbewegung ist nicht nur eine gleichberechtigte Stellung gegenüber dem Mann zu erreichen, sondern darüber hinaus „einen wesentlichen Beitrag für die Gestaltung und Sinnerfüllung der menschlichen Gesellschaft [zu] leisten" (ebd., S. 34).

Bevor Julie Aichele ihr praktisches Wirken in ihrem Kinderheim beginnt, ist sie aktiv in der Frauenbewegung tätig. Im Jahre 1918 referiert sie beispielsweise über das Thema: „Was fordert die Gegenwart von der Frau?" (vgl. Lorenz/Schmauder 2004, S. 179). Ferner merkt Dieter Pipiorke[12] an, dass sie die erste Frau in Beuren ist, die Hosen trägt (Gesprächsnotiz, 20.01.2009).

Der Aspekt, dass Julie Aichele in der Frauenbewegung tätig ist, hebt noch einmal deutlich ihre Natur hervor, sich nicht mit Begebenheiten abzufinden, sondern sich zu wehren und für eine Idee stark zu machen.

---

[12] Mit Dieter Pipiorke wurde ein Gespräch geführt, da dieser sich mit der Dorfgeschichte sowie mit Julie Aichele intensiv auseinandergesetzt hat. Auch verfasste er den Artikel im Beurener Gemeindeblatt, welcher in der Einleitung bereits erwähnt wurde.

4.1.2 Jugendbewegung

Die Jugendbewegung stellt „in all ihren Facetten ein Produkt des Industriezeitalters" (Skiera 2003, S. 70) dar und versucht die einhergehende Verunsicherung der Moderne zu kompensieren (vgl. ebd.). Bereits die Einladung zum Meißner-Fest zeigt anschaulich „das Bewegende [dieser] Bewegung" (Giesecke 1981, S. 22):

> 'Die deutsche Jugend steht an einem entscheidenden Wendepunkt. Die Jugend, bisher nur ein Anhängsel der älteren Generation, aus dem öffentlichen Leben ausgeschaltet und auf eine passive Rolle verwiesen, beginnt sich auf sich selbst zu besinnen. Sie versucht, unabhängig von den Geboten der Konvention sich selbst ihr Leben zu gestalten. Sie strebt nach einer Lebensführung, die jugendlichem Wesen entspricht, die es ihr aber zugleich auch ermöglicht, sich selbst und ihr Tun ernst zu nehmen und sich als einen besonderen Faktor in die allgemeine Kulturarbeit einzugliedern. Sie möchte das, was in ihr an reiner Begeisterung für höchste Menschheitsaufgaben, an ungebrochenem Glauben und Mut zu einem adligen Dasein lebt, als einen erfrischenden, verjüngenden Strom dem Geistesleben des Volkes zuführen' (zitiert nach Giesecke 1981, S. 22).

Des Weiteren will sie ihr Leben aus eigener Bestimmung heraus lenken sowie das „Jugendalter als eine eigene in sich begründete Lebensphase verstehen" (Scheibe 1994, S. 40). Ihr Protest richtet sich gegen das Unechte und Unnatürliche des bisherigen traditionellen Lebensstils. An die Stelle von Konventionalität, Massendasein und Rationalität tritt nun die Ganzheit des Menschen mit einer besonderen Betonung auf Tiefe, Emotionalität und Innerlichkeit (vgl. ebd., S. 42). Die jungen Menschen fühlen vor allem eine sehr starke Verbindung zu den Bauern im Dorf, die ihnen auf urtümlichen Fahrten begegnen. Diese empfinden sie als noch natürlich und ursprünglich lebend (vgl. ebd., S. 45).

Die Jugendbewegung kommt der Frauenbewegung aufgrund ihres Emanzipationsgedankens sehr nahe. Noch mehr als zur Frauenbewegung wird jedoch die Verbindung und Wechselbeziehung zur reformpädagogischen Bewegung gesehen (vgl. ebd., S. 37).

Oberborbeck verortet Julie Aicheles praktisches Wirken nahe den Ideen der Reformpädagogik und der Jugendbewegung (vgl. 1999, S. 2). Ihr Plan, einen Hof auf der schwäbischen Alb zu kaufen und dort Landwirtschaft zu betreiben, kann als Beleg für diese These dienen. Des Weiteren entspricht sie mit ihrer Einfachheit, Bodenständigkeit und ihrem schwäbischen Naturell dem Bild der Jugendbewegung. Auch die von ihr verwendeten Naturmetaphern können an dieser Stelle eingereiht werden.

4.1.3 Prinzip der Arbeit als Pädagogisches Moment

Das Prinzip der Arbeit als Pädagogisches Moment in der Erziehung zu nutzen, ist keineswegs ein Produkt der reformpädagogischen Bewegung. Bereits seit dem Mittelalter wird der erzieherische Wert der Arbeit von vielen großen Erzieherpersönlichkeiten betont (vgl. Skiera 2003, S. 103). Jedoch erst um die Zeit der Jahrhundertwende werden diese Gedanken als eine wesentliche Kategorie von Erziehung auf breiter Ebene diskutiert sowie in Bildungseinrichtungen und Unterricht methodisch verankert. Es entstehen praktische Versuche sowie verschiedene Konzeptionen, die nicht bloß ergänzende Momente zur Schule darstellen, sondern bildungstheoretische Aufgaben zu lösen beabsichtigen. Als bedeutende Vorreiter nennt Skiera – in Anlehnung an Odenbach[13] – unter anderem Locke, Rousseau und Comenius sowie die Philanthropen Basedow, Trapp und Salzmann. Da die anthropologische Begebenheit Arbeit zu begehren schon im Kindesalter vorherrscht,[14] stellt dieses Motiv eine notwendige gesellschaftliche Existenzbedingung für Vergangenheit und Gegenwart dar. Es ist deshalb ein naheliegender Gedanke, sich die Arbeit als Mittel der Bildung und Erziehung zunutze zu machen (vgl. ebd., S. 104 ff.).

Die Arbeit als Pädagogisches Moment dient Julie Aichele als konzeptioneller Leitgedanke für die praktische Arbeit in ihrem Kinderheim. Sie modifiziert diesen jedoch um einen weiteren Aspekt und spricht bei ihren Ausführungen von einer „indirekte[n] psychologische[n] Behandlung" (vgl. Aichele 17, S. 2). Im Abschnitt 6.10.4 wird diese Grundidee dargestellt und näher erläutert.

4.2 Weimarer Republik und die Anfänge psychoanalytischer Pädagogik

Nach dem Ersten Weltkrieg gerät Europa und vor allem Deutschland in eine schwere und tiefe Krise (vgl. Langewiesche/Tenorth 1989, S. 1). Die Misere und den Schock der Niederlage des Krieges erleben die Menschen als eine moralische Demütigung, was bei vielen zu einer Verweigerung ihres Zeitalters führt. Die dynamische, ökonomische und demographische Wachstumsphase, wie sie zu Beginn des letzten Jahrhunderts eingesetzt hat, findet hier ihr Ende (vgl. ebd., S. 3). Die Nachfolge des aristokratischen Systems übernimmt im Jahre 1918 eine parlamentarische Demokratieform, die sich bis zur Machtergreifung Hitlers im

---

[13] Odenbach, Karl (1963): Die deutsche Arbeitsschule. Braunschweig.
[14] Vgl. hierzu auch Comenius, Johann A. (1657/1970): Große Didaktik. Übersetzt und herausgegeben von Andreas Flitner. 4. Auflage, Düsseldorf & München.

Jahre 1933 manifestiert. Ein tiefgreifendes Ereignis innerhalb dieser Periode ist die „Hyperinflation" des Jahres 1923, durch welche Deutschland in die schwerste Wirtschaftskrise seit der Industriellen Revolution gerät (vgl. Langewiesche/Tenorth 1989, S. 6 f.).

Aus bildungstheoretischer Sicht sind die 1920er Jahre geprägt durch große Differenzen zwischen der realen Erziehungswirklichkeit und der universitären Erziehungswissenschaft (vgl. Tenorth 1989, S. 132 f.).

Des Weiteren tritt in dieser Zeit eine neue Form pädagogischen Denkens in Erscheinung, welche die Erziehungspraxis durch psychoanalytische Gedanken zu strukturieren versucht. Durch die demokratische Lebensordnung der Weimarer Republik und den damit verbundenen vergrößerten Chancen auf aufklärerisch-kulturkritische Tendenzen, kann diese neue Form des Denkens Eingang in das Leben der Menschen erhalten. Sie stellt einen Versuch dar, das doktrinäre Erziehungssystem freiheitlicher zu gestalten. Pädagogik und Psychoanalyse nähern sich immer mehr an und innerhalb ihrer Überschneidungen wird versucht, dieses Gebiet zu differenzieren. Hierbei werden erste Ansätze einer psychoanalytischen Behandlung von Kindern geschaffen (vgl. Rehm 1968, S. 135 f.).

Auch Julie Aichele wird durch den Ersten Weltkrieg und seine Folgen schwer erschüttert. Diesbezüglich spricht sie von ungewöhnlichen Erfahrungen, die ihre Persönlichkeit in besonderer Weise prägen. Sie gibt an, sehr viel praktische Arbeit, unter anderem auch Kriegsarbeit geleistet zu haben, die ihre Menschenkenntnis außerordentlich erweiterte (vgl. Aichele 32, S. 1 f.).

Darüber hinaus erfolgt die Errichtung ihres Kinderheimes im Jahre 1922 und fällt somit in die Zeit der großen Inflation. Dadurch erfährt sie tiefe Sorge und finanzielle Not, die sich in der Folgezeit auf ihre körperliche und geistige Konstitution auswirken (vgl. Aichele a, S. 1). Diesbezüglich sind weitere Ausführungen unter Punkt 6.7 vorzufinden.

Die Nähe zur Psychoanalytischen Bewegung ist dadurch gegeben, dass Julie Aichele tiefenpsychologische Gedanken in die Erziehung einfließen lässt. Das Besondere dabei ist, dass sie sich nicht der *Freudschen* Richtung anschließt, sondern der *Jungschen* Psychologie folgt.

4.3 „Drittes Reich" und die Stagnation pädagogisch-psychoanalytischer Methoden?

Nachdem die parlamentarische Demokratieform der Weimarer Republik durch die Machtergreifung Hitlers im Jahre 1933 ihr Ende findet, erfolgt eine völlige Neustrukturierung des gesellschaftlichen und politischen Systems. In der Wissenschaft wird davon ausgegangen, dass just ab diesem Zeitpunkt jegliche Entwicklung und Anwendung psychoanalytischer Gedanken unterbunden werden und somit stagnieren. Dass dies nicht der Realität entspricht, belegt Oberborbeck im Jahre 1992.[15] Er legt dar, dass trotz dieser weit verbreiteten Annahme in Deutschland weiterhin Psychoanalyse betrieben wurde und auch gleichzeitig Aus- und Weiterbildungen zur Forcierung dieses Bereiches stattgefunden haben (vgl. Oberborbeck 1992, S. 34 f.).

Nachdem im Jahre 1920 unter Abraham, Eitington und Simmel die erste psychoanalytische Poliklinik in Berlin gegründet wird und darin bedeutende Kinderanalytiker, wie beispielsweise Melanie Klein, Anna Freud oder Siegfried Bernfeld tätig sind, übernimmt im Jahre 1936 Matthias Göring, ein Vetter von Hermann Göring, diese Klinik. Er führt sie in nationalsozialistischer Gesinnung weiter und gibt ihr den Namen „Deutsches Institut für psychologische Forschung und Psychotherapie" (vgl. ebd., S. 12 ff.; S. 34). Darin werden alle drei psychoanalytischen Hauptströmungen – die *Jungsche* Schule, die *Adlersche* Schule und die *Freudsche* Schule – mit dem Ziel vereint, eine „Neue Deutsche Seelenheilkunde" zu erschaffen (vgl. Lockot 1985, S. 188). Die *Jungsche* Lehre wird hier am meisten gefördert und es kommt dabei deutlich zum Ausdruck, dass diese dem Nationalsozialismus am nächsten steht (vgl. ebd., S. 195).

Julie Aichele kann durch ihre Ausbildung zur „Behandelnden Psychologin" und als anerkanntes Mitglied des „Deutschen Instituts für psychologische Forschung und Psychotherapie" die pädagogisch-tiefenpsychologische Arbeit in ihrem Kinderheim fortführen (vgl. Oberborbeck 1999, S. 17).

Darüber hinaus merkt Oberborbeck an, dass sie sich aufgrund ihrer fachlichen Kompetenz gegen die Schließung ihres Hauses oder einer Übernahme durch die Nationalsozialisten erfolgreich zur Wehr setzen kann (vgl. ebd., S. 3). Diese Aussage wird von ihm jedoch nicht näher erläutert und belegt.

Des Weiteren befindet sich die siebzehnjährige seelisch kranke Tochter eines gefallenen SS-Offiziers in ihrer psychotherapeutischen Behandlung. Die Kosten hierfür übernimmt die SS (vgl. ebd., S. 17).

Irmgard Bosch beschreibt Julie Aichele als sehr „national gesonnen" (vgl. I2, Z. 658 ff.). Eine Hinwendung zu nationalsozialistischem Gedankengut kann sie sich jedoch unter keinen Umständen vorstellen (vgl. I2, Z. 692 ff.). Diese Aussage findet dadurch Verstärkung, dass Eugenia Mahron berichtet, Julie Aichele habe jüdische Kinder in ihrem Haus aufgenommen (vgl. I3, Z. 302 ff.). Des Weiteren kann sie sich an eine Situation erinnern, in welcher Julie Aichele ihren Ehemann, der auf der Krim tätig war und deshalb eine braune Uniform

---

[15] Oberborbeck, Klaus W. (1992): Zur Frage der Identität des Kinder- und Jugendlichen Psychotherapeuten, verdeutlicht an der Geschichte der Kinderanalyse zwischen 1933 und 1945 in Deutschland und der Nachkriegsentwicklung. Unveröffentlichtes Manuskript.

trug, bittet, in Beuren auf dem Marktplatz zu marschieren, um eine nationalsozialistische Gesinnung ihrerseits vorzugeben (vgl. I3, Z. 299 ff.).

In ihren Schriften können nur zwei spärliche Äußerungen hinsichtlich ihrer Haltung zum Nationalsozialismus gefunden werden. In einer Passage grüßt sie beispielsweise alle Menschen, „die im Gleichschritt der marschierenden Jugend nicht mitschwingen können, und die der Rausch der flatternden Fahnen nicht zu erfassen vermag" (Aichele 4, S. 1). Des Weiteren stellt sie fest, dass es schwer ist „nicht mit den Violen schwingen und klingen zu können und zu den Wenigen, zu den Ausgeschlossenen zu gehören" (ebd., S. 2).[16]

Zusammenfassend kann hier angemerkt werden, dass Julie Aichele in jeglicher Hinsicht maßgeblich von ihrem historischen und bildungsgeschichtlichen Kontext erfasst und geprägt wurde.

Im Folgenden wird sich in Form eines Exkurses der Fachdisziplin gewidmet, mit welcher sich Julie Aichele zeitlebens beschäftigt hat. Hierbei wird jedoch kein Bezug zu ihr hergestellt, sondern lediglich die geschichtliche Entwicklung bis zu dem Zeitpunkt erläutert, in welchem sie selbst praktisch tätig wird und *ihre* Antwort auf die Frage zur Behandlung des „schwierigen Kindes" gibt.

---

[16] Welche Haltung Julie Aichele gegenüber dem Nationalsozialismus tatsächlich einnimmt, bleibt aufgrund der unzureichenden Quellenlage fraglich. Anzustreben wäre hinsichtlich dessen, weitere Forschungen voranzutreiben.

5 Exkurs: Das „schwierige Kind" – Wissenschaftstheoretische Rekonstruktion der Fachdisziplin

Die wissenschaftliche Fachdisziplin, welche in vorliegender Arbeit *die* zentrale Rolle spielt, ist nur schwer zu greifen und kann nicht eindeutig bestimmt werden. Eine Annäherung an dieses Themengebiet erweist sich deshalb von Anfang an als schwierig. Aufgrund dessen sind Definition und Beschreibung des Untersuchungsgegenstandes nicht von Beginn an gegeben, sondern müssen in schrittweiser Annäherung vorangetrieben werden.

Während in der Psychologie sowie der Psychiatrie vorwiegend von „psychischer Störung" die Rede ist, wird in der Pädagogik oftmals von „Verhaltensauffälligkeiten" oder „Verhaltensoriginalitäten" von Kindern und Jugendlichen gesprochen. Um die Neutralität zu wahren, findet im Folgenden der Begriff des „schwierigen Kindes" Anwendung. Dadurch, dass sich verschiedene Fachdisziplinen mit ein und demselben Untersuchungsgegenstand befassen, ist eine eindeutige Fokussierung nicht möglich und die Grenzen zu anderen Wissenschaftsgebieten verschwimmen und werden fließend. Dadurch entstehen Überlappungen und symbiotische Beziehungen. Folglich muss die Bearbeitung von drei Disziplinen – der Psychologie, der Pädagogik und der Psychiatrie – angestrebt werden. Die wenigen Publikationen, die in diesen Wissenschaftsgebieten zur Verfügung stehen, beschränken sich in der Psychologie auf Werner (1983) und Myschker (2009), in der Pädagogik auf Göppel (1989) und in der Psychiatrie auf Nissen (2005), Engbarth (2003) und Drechsler (1994). Trotz intensiver Recherche konnte hinsichtlich dessen keine weitere Literatur mehr ausfindig gemacht werden.[17] Auch wird dies von den Autoren selbst bestätigt, indem sie auf die mangelhafte Bearbeitung dieses Themengebietes verweisen. Während Werner in ihrer Dissertation herausstellt, dass „eine umfassende 'Geschichte der Kinderpsychotherapie' … bislang nicht geschrieben" (1983, S. 7) wurde und dass die Wissenschaft bezüglich dieses Bereiches „ein noch weithin unbearbeitetes Feld" (ebd., S. 8)

---

[17] Erwähnt werden muss an dieser Stelle jedoch auch die „Geschichte der Heilpädagogik" von Andreas Möckel aus dem Jahre 1988. Antworten auf die zugrundeliegende Fragestellung in Bezug auf die Bearbeitung des Kapitels konnten jedoch in dieser Publikation nicht vorgefunden werden.

darstellt, kritisiert Göppel „die Geschichtslosigkeit der Verhaltensgestörtenpäda-
gogik" und den „spezifische[n] Mangel in der Geschichtsschreibung der Allgemeinen Pädagogik" (1989, S. 10).[18] Auch Nissen merkt an, dass es zwar zahlreiche Monographien über erziehungsschwierige und verhaltensauffällige Kinder
gibt, lange Zeit jedoch keine systematische und umfassende Entwicklungs- und
Gründungsanalyse vorlag (vgl. 2005, S. 296). Dies gilt vor allem für den Zeitraum bis zu den 1920er Jahren. Der Folgezeitraum kann als gut bearbeitet gelten.

Im Anschluss wird nun chronologisch nach Zeitepochen und Sachgebieten
vorgegangen, teilweise jedoch auch nach Vertretern verschiedener Schulrichtun-
gen.

5.1 Mittelalter und Renaissance

Im Mittelalter sowie zu Beginn des 15. Jahrhunderts mit dem Einsetzen der Re-
naissance werden vorwiegend böse Geister und Dämonen für psychische Auffälligkeiten im Erwachsenen- und Kindesalter verantwortlich gemacht. Dies führt
„zu Exorzismen mit Teufelsaustreibungen durch Folter und schließlich mit der
Inquisition zu legalisierten Exekutionen" (Nissen 2005, S. 27).

Entscheiden hier zunächst überwiegend Geistliche über das Schicksal psychisch kranker Kinder, werden in Folge auch ärztliche Gutachter zu Rate gezogen, was zu heftigen Streitigkeiten innerhalb der Professionen führt (vgl. ebd., S.
28). Fallbeschreibungen aus dem 15. und 16. Jahrhundert induzieren unter anderem Schlafstörungen, Bettnässen und Epilepsie als Symptome psychischer Störungen im Kindesalter. Diese pathologischen Klassifikationen bedeuten zwar
eine allmählich zunehmende Sensibilisierung, jedoch steht die Behandlung Erwachsener noch lange Zeit im Vordergrund, da diese für das Überleben ihrer
Familie verantwortlich sind (vgl. ebd., S. 36). Kinder hingegen überlässt man
oftmals ihrem Schicksal und beschränkt deren Versorgung überwiegend auf
Obhut und Pflege (vgl. Drechsler 1994, S. 1).

5.2 Spätmittelalter und Beginnende Neuzeit

Im Spätmittelalter und in der anbrechenden Neuzeit bleibt „das weithin brachlie-
gende Feld der Versorgung und Behandlung" (Nissen 2005, S. 41) dieser Kinder

---

[18] Hillenbrand (2006) verweist in seiner Publikation „Einführung in die Pädagogik bei Verhaltensstörungen" hinsichtlich der *Ideengeschichte* lediglich auf Göppel (1989). Die Bedeutsamkeit und Aktualität dieses Werkes werden damit verdeutlicht.

überwiegend den Ärzten überlassen, jedoch wird die praktische Erfahrung der Philosophen und Pädagogen immer mehr in Anspruch genommen (vgl. Nissen 2005, S. 41). Diese gelangen zu der Erkenntnis, dass auffälliges Verhalten aus einer unangemessenen Erziehung herrühren kann und sehen deshalb ihre Aufgabe darin, durch geeignete Methoden Beeinträchtigungen des Seelenlebens entweder zu verbessern oder gar nicht erst zur Entstehung kommen zu lassen (vgl. ebd., S. 47). Während Göppel in diesem Zusammenhang vor allem Pestalozzi, Herbart und Wichern zu den Pädagogen zählt, die sich nicht nur mit geradlinigen und geglückten Erziehungsverläufen beschäftigten, sondern auch mit Verfehlungen und Gefährdungen (vgl. 1989, S. 27 ff.), modifiziert Nissen diese Aufreihung durch Comenius, de Montaigne, Rousseau, Kant und Fröbel (vgl. 2005, S. 47 ff.). Die Ursachen werden vor allem in gesellschaftlichen Missständen, Mangel an mütterlicher Pflege sowie der Anthropologie des Menschen selbst gesehen (vgl. Göppel 1989, S. 38 ff.). Des Weiteren werden Erziehungsschwierigkeiten auf die Konstitution des Kindes sowie auf die Rolle und Verantwortung der Eltern zurückgeführt (vgl. ebd., S. 69 ff.).

Diese wenigen Vorläufer stellen jedoch Einzelfälle dar, weshalb sich bis weit ins 19. Jahrhundert hinein für Kinder und Erwachsene mit psychischen Störungen wenig ändert (vgl. Engbarth 2003, S. 73).

5.3   19. Jahrhundert

Bis zur Mitte des 19. Jahrhunderts stehen viele Einstellungen, die den Umgang und die Ursachen psychischer Erkrankungen betreffen, gegen- und nebeneinander (vgl. Engbarth 2003, S. 95). Mitte des 19. Jahrhunderts erfolgt mit der Publikation „Die Heilpädagogik mit besonderer Berücksichtigung der Idiotie und der Idiotenanstalten" eine Wende im Denken dieser Zeit. Die beiden Autoren Jan Daniel Georgens (1823-1886) und Heinrich Marianus Deinhardt (1821-1880) entwerfen ein völlig neues Bild vom Kind. Damit wird der erste Ansatz einer rationellen Prävention und Entwicklung heilender pädagogischer Behandlungsmethoden geschaffen und in der Folgezeit forciert (vgl. Nissen 2005, S. 287). „Es setzt sich durch, Kinder nach ihrer Konstitution, ihrem Temperament und ihrer Begabung zu unterscheiden und eine individuell darauf abgestimmte Erziehung zu fordern" (Engbarth 2003, S. 121). Impulse gewinnt die Heilpädagogik aus der Psychologie, aus Erfahrungen caritativer Fürsorgeeinrichtungen sowie in zunehmendem Maße auch aus der Psychiatrie. Die Tendenz ist spürbar – zumindest bei Georgens und Deinhardt – naturwissenschaftliches Denken in der Pädagogik einzusetzen und sie der Medizin ebenbürtig zu machen (vgl. ebd.). Aus ärztlicher Sicht werden psychische Störungen erst in der Mitte des 19. Jahrhunderts als Krankheiten anerkannt. Eine eigens dafür entwickelte Behandlungsmethode gibt es jedoch nicht. Stattdessen wird die Psychopathologie des Erwachsenenalters auf das Kindesalter transferiert (vgl. Nissen 2005, S. 131 f.).

Das „Psychopathen-Konzept"

Während des 19. Jahrhunderts werden immer wieder Versuche unternommen, die „Fehler" von Kindern zu kategorisieren. Nachdem sich Niemeyer bereits im Jahre 1796 damit beschäftigt, folgen Schwarz 1804, Milde 1811 und Herbart 1835. Die wichtigste Kategorisierung nimmt jedoch Strümpell in seiner Ende des 19. Jahrhunderts veröffentlichten Publikation „Die pädagogische Pathologie oder die Lehre von den Fehlern der Kinder" (vgl. Göppel 1989, S. 117 f.) vor. Hierin versucht er, diese nach medizinisch-pathologischem Vorbild zu klassifizieren (vgl. Engbarth 2003, S. 124). Den Titel seines Buches „Pädagogische Pathologie" sowie die Begriffe „Symptom", „Prophylaxis", „Ätiologie" und „Therapie" entlehnt er zwar dem medizinischen Begriffsbestand, die „Kinderfehler" begründet er jedoch rein pädagogisch. Erst mit der zweiten Auflage von Kochs Werk „Die Psychopathischen Minderwertigkeiten" im Jahre 1892 werden psychische Störungen mit krankhaften Veränderungen des Gehirns in Verbindung gebracht (vgl. Göppel 1989, S. 119). Auch Johannes Trüper dient diese These als Grundlage für seine im Jahre 1893 erschienene Publikation „Die Psychopathischen Minderwertigkeiten im Kindesalter", welche die theoretische Reflexion der praktischen Arbeit in seinem Heim „Sophienhöhe" darstellt. Wie Koch sieht auch er das „geschädigte Gehirn" im Sinne der damaligen psychiatrischen Lehrmeinungen als Hauptursache für die Schwierigkeiten an (vgl. ebd., S. 142 f.).

Der Kochsche Begriff der „Psychopathie" etabliert und verbreitet sich in rasanter Geschwindigkeit (vgl. ebd., S. 139). Alle Arten von Auffälligkeiten, wie beispielsweise „Reizbarkeit", „Haltlosigkeit", „Grausamkeiten gegen Mensch und Tier", „Lügen und Schwindeln", „Erregbarkeit", „Nervosität", „antisoziale Neigungen", „Triebhaftigkeit" und „geschlechtliche Verirrungen" werden darunter subsumiert (vgl. ebd., S. 222). Eine genaue Definition kann jedoch schon damals nicht getroffen werden: „Die hier in Betracht kommenden Individuen verhalten sich psychisch nicht wie andere Leute" (Koch 1891, S. 1). Ein Nachzeichnen von seelischen Prozessen oder ein Verstehen innerer Konflikte finden in dieser Zeit kaum statt (vgl. Göppel 1989, S. 223). Im Gegensatz zu dem Konzept der „Pädagogischen Pathologie" von Strümpell – das zwar Anerkennung und weite Verbreitung findet, jedoch mit dem Ersten Weltkrieg untergeht – erweist sich das „Psychopathie-Konzept" von Koch als sehr langlebig und erfährt weitreichende Differenzierung (vgl. Myschker 2009, S. 26). Zu Beginn des 20.

Jahrhunderts rückt es ins Zentrum jugendfürsorgerischer und heilpädagogischer Aufmerksamkeit, wird jedoch wegen seiner abwertenden Formulierung verdrängt und durch neutralere Terminologien, wie beispielsweise „psychopathische Konstitution", „psychopathische Anlage" oder „psychopathische Belastung" ersetzt (vgl. Göppel 1989, S. 163).

5.4 20. Jahrhundert: „Psychopathische Minderwertigkeit" versus Psychoanalyse

Mit der Begründung der Psychoanalyse durch Freud erfolgt eine Wende innerhalb des Problemverständnisses psychischer Erkrankungen. Dadurch verändert sich das Menschen- und Weltbild in beträchtlicher Weise (vgl. Myschker 2009, S. 32). Die Theorien der Psychoanalyse beinhalten einen neuen Erklärungsansatz, der die Entstehung von psychischen Störungen zu erklären versucht und sich gegen die bisher vorliegenden Ansichten quer stellt. So rücken die lebensgeschichtlichen Beziehungen und Erfahrungen zu Personen in unmittelbarer Umgebung des Erkrankten in den Mittelpunkt. Auch massive Abweichungen vom Durchschnitt sind von diesem Zeitpunkt an nicht mehr einfach nur die Folge einer Schädigung des Gehirns, sondern das Ergebnis eines Entwicklungsprozesses, welcher hinsichtlich einer anderen Ausgangsposition auch anders hätte verlaufen können (vgl. Göppel 1989, S. 173). „Zudem [ist] das auffällige äußere Erscheinungsbild nun nurmehr Symptom und nicht mehr der eigentliche Kern der Störung. Dieser [liegt] dahinter verborgen in einem unbewußten psychischen Prozeß, den es zu verstehen" (ebd.) gilt. Solche Störungen werden nicht einfach als vorbestimmt angesehen, „sondern als durch konkrete, oft ganz unscheinbare Ereignisse ausgelöst" (ebd., S. 174). Fachspezifisch betrachtet, gelten sie als Folge intrapsychischer Konflikte oder aber als Versuche, traumatische Erlebnisse zu verarbeiten. Wo sich die Lehre der „Psychopathie" in immer neuen Überlegungen erschöpft, um dann doch nur Beschreibungen von Symptomen zu liefern, ist durch die Psychoanalyse ein neuer Weg gefunden worden, um seelische Abläufe besser zu verstehen (vgl. ebd.).

Von führenden Vertretern der Heilpädagogik wird die Psychoanalyse jedoch als Grundlage für eine Deutung psychischer Erkrankungen nicht akzeptiert. Stattdessen wird sie unter der Rubrik „Auswüchse und Irrwege" eingestuft und erfährt massive Ablehnung. Zudem werden schwere Bedenken gegenüber der Anwendung tiefenpsychologischer Verfahrensweisen bei Kindern erhoben (vgl. ebd., S. 241 f.).

5.4.1 Kinderanalyse

Innerhalb der psychoanalytischen Theorie kommt dem Kindesalter eine große Bedeutung zu. Denn nach Freud liegen hier die Ursprünge seelischer Erkrankungen verborgen. Dass Analytiker sich deshalb nun immer mehr diesem Lebensabschnitt als Entstehungsort psychischer Störungen annehmen, scheint daher nicht zu verwundern.

Sigmund Freud gilt aufgrund seiner „Analyse der Phobie eines fünfjährigen Knaben"[19] im Jahre 1909 als erster Kinderanalytiker. Trotzdem steht er der Anwendung tiefenpsychologischer Verfahren bei Kindern eher zurückhaltend gegenüber, auch wenn er deren Notwendigkeit und Wert nicht verkennt und seine Schüler und Mitarbeiter dazu ermutigt (vgl. Biermann 1969, S. 2 f.). Auch C. G. Jung beschäftigt sich nur am Rande mit dieser Thematik, führt dennoch im Jahre 1911 die Analyse eines vierjährigen Mädchens durch, welche als Antwort auf Freuds Analyse verstanden werden kann (vgl. Jung 1946, S. 135-177).

Im Laufe der Zeit vermehren sich dahingehend die analytischen Kenntnisse, besonders durch die Zuwendung zur Entwicklungspsychologie. Eine zentrale Rolle spielen hier vor allem die Arbeiten von Wilhelm Preyer, Charlotte und Karl Bühler sowie William Stern und anderen. Das Besondere dieser Ansätze liegt vor allem darin, nicht nur Entstehungsmomente zu ergründen und den Verlauf der Störung zu beobachten, sondern durch rechtzeitige therapeutische Eingriffe neurotischen Fehlentwicklungen vorzubeugen (vgl. Biermann 1969, S. 1 f.). Als Pioniere der Kinderanalyse werden vor allem Oskar Pfister, Hermine Hug-Hellmuth, Melanie Klein und Anna Freud angesehen (vgl. Nissen 2005, S. 405 ff.; Biermann 1969, S. 1 ff.). Als *Jungsche* Kinderanalytikerin kann nur Frances G. Wickes mit ihrer Publikation „Analyse der Kinderseele" (1931) genannt werden.[20]

5.4.1.1 Oskar Pfister (1873-1956)

Oskar Pfister ist ein Vertreter der Kinderpsychotherapie in der Schweiz. Er schafft eine Verbindung zwischen Pädagogik und Psychoanalyse und wendet diese Methode unter dem Namen „Pädanalyse" (1913) an (vgl. Biermann 1969, S. 3). Eine strenge Kooperation mit Medizinern hält er für sehr wichtig, da er es

---

[19] Freud, Sigmund (1909): Analyse der Phobie eines fünfjährigen Knaben. Der kleine Hans. In: Mitscherlich, Alexander/Richards, Angela/Strachey, James (Hrsg.) (1969): Zwei Kinderneurosen, Studienausgabe, Band 8, Frankfurt am Main, S. 9-123.
[20] Ein Anspruch auf Vollständigkeit bezüglich dieser Angabe kann nicht erhoben werden.

aus pädagogischer Perspektive für notwendig erachtet, sie bei der Vielzahl an vorherrschenden neurotischen Störungen zu unterstützen (vgl. Werner 1983, S. 60). Die „Spaziergangsbehandlung" ist seine adäquate Behandlungsmethode (vgl. Biermann 1969, S. 3).

5.4.1.2 Hermine von Hug-Hellmuth (1871-1924)

Hermine von Hug-Hellmuth ist die erste nichtärztliche Kinderanalytikerin. Ihre therapeutische Behandlungsmethode ist das Spiel. Deshalb versucht sie, ihre kleinen Patienten zu eben diesem anzuregen, um infolgedessen aus ihrem Verhalten und ihren Äußerungen analytische Schlüsse zu ziehen. Sie geht hierbei schon auf die bedeutenden Fragen der Indikation, der Stellung des Therapeuten zu den Eltern sowie des fehlenden Leidensdruckes ein. Wie Pfister weist auch sie auf den erzieherischen Auftrag des Kindertherapeuten hin (vgl. Biermann 1969, S. 4). Hug-Hellmuth plädiert für verschiedene Verfahrensweisen in Bezug auf unterschiedliche Lebensalter und hält eine Behandlung ab sieben Jahren für möglich (vgl. Werner 1983, S. 63).

5.4.1.3 Melanie Klein (1882-1960)

Melanie Klein entwickelt an der Berliner Poliklinik eine besondere Spiel- und Deutungstechnik, welche als „Frühanalyse des Kindes" in die Wissenschaft und die Geschichte eingeht (vgl. Biermann 1969, S. 6). Das Spiel sieht sie ebenso wie Hermine Hug-Hellmuth als Ausdrucksmöglichkeit des Kindes und als Ersatz für die „freie Assoziation" bei erwachsenen Patienten an. Sie stellt fest, dass sofortige Deutungen, des vom Kind hervorgebrachten symbolischen Materials, sich angstmildernd auf seine Persönlichkeit auswirken. Die Beschäftigung mit sehr jungen Menschen steht im Mittelpunkt ihrer Arbeit (vgl. Müller-Brühn 1996, S. 656). Dadurch, dass sie die Kinderanalyse in ihrer Funktion mit der Erwachsenenanalyse gleichstellt, steht bei ihr die Deutungsarbeit im Vordergrund, und sie entfernt sich von einer pädagogischen Konzeption derselben (vgl. Holder 2002, S. 40).

5.4.1.4 Anna Freud (1895-1982)

Im Jahre 1923 beginnt Anna Freud ihre Tätigkeit als Kinderanalytikerin (vgl. Holder 2002, S. 33). Im Gegensatz zu Melanie Klein weist sie dem erzieherischen Aspekt großen Wert zu (vgl. Holder 2002, S. 36 f.). Zudem stellt sie fest, dass der Persönlichkeit des Therapeuten eine große Bedeutung beigemessen werden kann, da die Kinderanalyse im Gegensatz zur Erwachsenenanalyse eine sehr spezielle und auch aktivere Form der Anteilnahme erfordert (vgl. Biermann 1969, S. 7). Im Spiel sieht sie ebenso wie Melanie Klein die unterschiedlichsten Bemühungen des Kindes äußere und innere Konflikte zu bewältigen, um damit die Fähigkeit von Autonomie und Selbstvertrauen zu erlangen (vgl. Müller-Brühn 1996, S. 657). Anstelle einer symbolischen Interpretation tritt bei ihr die Deutung von Tag- und Nachtträumen, Zeichnungen sowie Phantasien in den Vordergrund (vgl. Werner 1983, S. 75 f.). Eine Behandlung von sehr kleinen Kindern hält sie aufgrund ihrer noch instabilen psychischen Struktur für nicht angebracht (vgl. Müller-Brühn 1996, S. 656).

5.4.2 Institutionelle Maßnahmen

Sowohl von Vertretern der Heilpädagogik als auch von Vertretern der Psycho-analyse werden praktische „Erziehungsversuche" durchgeführt. Des Weiteren finden von Seiten der Heilpädagogik Tagungen und Konferenzen statt, die folgende Fragestellung zu lösen beabsichtigen:

'Wohin mit diesen Wesen, die man zu den Schwachsinnigen nicht zählen kann, die so klaren Verstandes sind, ja oft hervorragende geistige Talente zeigen, die aber auch nicht normal sind, die in ihrem Gefühlsleben krankhaft gestört sind und deren Verhalten in ethischer Beziehung sie zu einer Qual für ihre Angehörigen, zu einer Gefahr für andere Kinder macht?' (zitiert nach von der Leyen 1931, S. 631).

In Bezug auf diese Fragestellung äußert sich der Psychiatrieprofessor Theodor Ziehen dahingehend, dass Pädagogen und Ärzte mit

sehenden Augen, aber gebundenen Händen ..., die ihnen zugeführten oder von ihnen entdeckten jugendlichen Kranken dem sicheren Verderben preisgeben, weil *bis jetzt in Deutschland keine Anstalten* vorhanden sind, in denen unbemittelte psychopathi-sche Kinder Aufnahme und Pflege finden, wie sie die ärztliche Wissenschaft fordert (Ziehen 1912, S. 4; Hervorhebung im Original).

Deshalb bleibt, trotz zahlreicher Bemühungen, die Versorgung und Pflege psy-chisch kranker Kinder und die institutionelle Fürsorge unzureichend sowie von konstitutionstheoretischen und statischen Vorstellungen bestimmt (vgl. Göppel 1989, S. 246).

Die bekanntesten Beispiele für eine Unterbringung dieser Kinder seitens der Psychoanalytiker stellen wohl Aichhorns Einrichtung in Oberhollabrunn und

Bernfelds Kinderheim Baumgarten dar. Hinsichtlich dieser beiden „Erziehungs-
projekte" geht es jedoch nicht nur um direkte Beobachtung, Pflege und Versorgung, sondern um den Versuch, einen Weg zu finden psychoanalytisches Wissen
in die Pädagogik einfließen zu lassen, um neurotische Entwicklungen einzu-
dämmen oder sie gar zu verhindern (vgl. Holder 2002, S. 34). Für Deutschland
erwähnt Göppel das „Sanatorium und Heilerziehungsheim" unter Frieda Reich-
mann in Heidelberg-Neuenheim, dessen psychoanalytische Grundorientierung
explizit vermerkt ist (vgl. 1989, S. 225). Er beschreibt weitergehend:

> Bis hin zu Einrichtungen für Kinder und Jugendliche, in denen ein dynamisches
> Verständnis solcher 'Auffälligkeiten' und ein entsprechender pädagogisch-
> therapeutischer Behandlungsansatz im Konzept festgeschrieben wurde, war es noch
> ein weiter Weg (Göppel 1989, S. 246).

Dass es jedoch Einrichtungen bezüglich des eben beschriebenen dynamischen
Verständnisses in Deutschland bereits gab, bleibt von Göppel (1989) unberücksichtigt. Deshalb kann an dieser Stelle festgehalten werden: Der Weg hin zu
Einrichtungen mit einem entsprechenden pädagogisch-therapeutischen Behand-
lungsansatz war längst beschritten.

6 Gründung und Aufbau des Kinderheimes

Im Jahre 1922 gründet die damals fünfunddreißigjährige Julie Aichele ihr eigenes Heim, um dort mit psychisch kranken Kindern zusammenzuleben. Dass sie hinsichtlich dieser Motivation von zahlreichen Faktoren in familiärer, historischer und wissenschaftstheoretischer Hinsicht geprägt wird, konnte bereits ansatzweise aufgezeigt werden. Ihre konkrete Motivation und der Weg, welcher sie dahin führt, werden im Folgenden nachgezeichnet.

6.1 Die ersten Schritte

Julie Aichele beschreibt rückblickend, wie sie sich bereits im Alter von sechs Jahren persönlichen Schicksalen von Menschen annimmt. Dahingehend schildert sie, wie sie „zum ersten Mal [versucht] korrigierend in die sozialen Zustände einzugreifen, indem [sie] einer armen Wittfrau bei ihrer Arbeit" (Aichele 5, S. 7) hilft. Es erwächst in ihr ein „ingrimmiger Zorn" auf alle Menschen, insbesondere auf ihre eigenen Eltern, die es zulassen, dass diese Frau sich und ihre zwei Kinder versorgen und dazu noch allein die Hausarbeit erledigen muss (vgl. ebd., S. 7 f.). Julie Aichele betont, dass sie damals das Bedürfnis verspürte dieser Frau zu helfen, ohne dass sie eine persönliche Beziehung zu ihr hegte. Hierin wird deutlich, dass ihr eine altruistische Haltung innewohnt, welche sie unabhängig von Person und Situation dazu veranlasst, „Hilfe um der Hilfe Willen" zu leisten. Sie tritt hier aktiv ein und trägt durch ihre Unterstützung dazu bei, dieser Frau das Leben ein wenig zu erleichtern.

Des Weiteren beschreibt sie eine Situation in der Schule. In der ersten Klasse versucht sie einem Mädchen das Lesen beizubringen, obwohl dieses ihr überaus unsympathisch ist, was wiederum darauf schließen lässt, dass keine persönliche Beziehung die Voraussetzung und Motivation dafür beinhaltet, zu helfen. Auch hier greift sie korrigierend ein, indem sie ihre gesamte Energie darauf verwendet „diese Ungerechtigkeit des Schicksals auszugleichen" (ebd., S. 8).

Julie Aichele reflektiert, woher einem sechsjährigen Mädchen wohl die Fähigkeit gegeben ist, die Tragik des Lebens zu erkennen und kommt zu dem Schluss, dass sie sie vielleicht „mit der Luft geatmet" hat, was ihr bei den „un-

bewußten Ausströmungen" ihrer Eltern als „garnicht so unrichtig vorkommt"
(Aichele 5, S. 7).

6.2 Gegen Meinungen und Methoden der Zeit

Infolgedessen wird deutlich, dass sie sich, geprägt von den schweren psychischen und physischen Erkrankungen innerhalb ihrer Familie und ihres Umfeldes,
auflehnt gegen Einstellungen und Methoden ihrer Zeit. Sie selbst gibt an, dass
ihr durch persönliche Erlebnisse in ihrer Kindheit und Jugend, „das Problem der
'nervösen' Menschen ausserordentlich nahe" (Aichele 32, S. 1) gebracht wurde.
Demzufolge kommt sie früh mit Ärzten und deren Heilmethoden an ihr naheste-
henden Personen in Berührung (vgl. Aichele 18, S. 1). Sie beschreibt, dass sie
sich während ihrer Kindheit noch sehr zurückhält, was die Vorgehensweise von
Medizinern gegenüber kranken Menschen betrifft, sie jedoch im Alter von vierzehn Jahren ruhig auch laut lacht, wenn der Arzt ihr rät möglichst viel Milch zu
trinken, ganz gleich ob sie ihn wegen ihres „Tremors", einer Herzschwäche oder
Frostbeulen konsultiert (vgl. ebd., S. 1 f.). Hierbei wird deutlich, wie sehr sich
Julie Aichele bereits im Kindes- und Jugendalter mit Fragen der Behandlungsmethoden physisch und psychisch kranker Menschen auseinandersetzt.

   Auch schildert sie analog zum bereits aufgezeigten wissenschaftstheoretischen Kontext, dass sich die Menschen ihrer Zeit in einem Zustand „vollständi-
ge[r] Hilflosigkeit" gegenüber allen nervlichen und psychischen Schwierigkeiten
befinden (vgl. ebd., S. 2). Sie erwähnt beispielsweise das Leiden einer Frau aus
der Nachbarschaft, die ihres Erachtens an einer schweren Depression leidet und
von Seiten der Ärzte nur „gestopft" wird, bis sie ein „unförmiger Fettkloss" ist.
Parallel dazu stellt sie ihre eigenen Erfahrungen in den Vordergrund und berichtet von Freundinnen, die mit all „ihren Nöten" zu ihr kommen und sich nach
einem Gespräch mit ihr erleichtert fühlen. Julie Aichele stellt sich hier als
Mensch zur Verfügung, der allein durch sein Zuhören und seine Anwesenheit
bereits zur Linderung der Leiden beiträgt. „Ich habe damals gespürt, dass nur der
Mensch und nicht seine medizinische Wissenschaft das Helfende ist" (ebd., S.
1). So entgegnet Julie Aichele einer Freundin, die Medizin studiert und sich
ursprünglich psychiatrisch orientieren wollte: „'Ihr macht etwas ganz falsch,
Nerven kann man nicht mit Milch und guter Luft kurieren, Nerven sind ein geis-
tig-sittliches Problem'" (ebd., S. 2).

   Hieraus wird erkennbar, dass der Grundstein für ihren weiteren Lebensweg
bereits in ihrer Kindheit und Jugend gelegt wird. Welche Ereignisse und persönlichen Erfahrungen sie jedoch konkret zur Verwirklichung ihres Vorhabens bewegen, wird im Folgenden dargestellt und näher erläutert.

6.3 Erster Plan: Ein Hof mit Werkstätten

Julie Aichele möchte tätig werden, sie will sich aktiv einsetzen für das Schicksal psychisch kranker Menschen. Im Jahre 1908 beschließt sie deshalb, einen Hof auf der schwäbischen Alb zu kaufen, „um ein Haus für nervöse Kinder und junge Mädchen einzurichten" (Aichele 18, S. 2). Der Hofkauf kommt allerdings nicht zustande, da ihre Eltern weder die Zustimmung geben noch die finanziellen Mittel zur Verfügung stellen. Im Nachhinein bereut sie den Verlauf der Dinge jedoch nicht:

> Wie ich heute glaube, wohl zu meinem Heil. Denn ich war wirklich chemisch rein von jeder Sachkenntnis, auch der Landwirtschaft gegenüber, die doch die wirtschaftliche Grundlage hätte geben sollen. Meine geringen wirtschaftlichen Kenntnisse hätten, trotz meiner intuitiven Einfühlungsmöglichkeit, niemals ausgereicht (Aichele 18, S. 2).

Die Folgejahre nehmen weitreichenden Einfluss auf Julie Aicheles Leben, da diese sie in besonderem Maße auf ihr angestrebtes Ziel hin lenken.

6.4 Lehrjahre: 1908 bis 1919

Die Jahre zwischen den ersten Plänen zur Errichtung einer Stätte für nervöse Kinder im Jahre 1908 bis zur Begegnung mit Wolfgang Stockmayer im Jahre 1919 bezeichnet Julie Aichele als „richtige Lehrjahre" (vgl. Aichele 18, S. 2). Diese sind angereichert durch sehr viel praktische Arbeit sowie der Pflege ihrer Mutter und „eines sehr nervösen Menschen" (Aichele 32, S. 1 f.). Zudem berichtet sie, einige Jahre zuvor in der „Abstinenzbewegung" tätig gewesen und auch hier mit dem „lawinenartigen" Anwachsen von Nerven- und Geisteskrankheiten in Berührung gekommen zu sein (vgl. Aichele 18, S. 2).

Nachdem ihre Mutter im Jahre 1919 stirbt, fällt Julie Aichele in einen schweren und tiefen Erschöpfungszustand (vgl. Aichele 32, S. 1). Bei ihrer Hausärztin Rat einholend, wird sie von dieser regelrecht mit dem Vorschlag „überrumpelt" zu Dr. Stockmayer zu gehen (vgl. Aichele 18, S. 5). Dass sie von diesem „berühmten und bedeutenden Mann" (ebd.) schwärmt, macht Julie Aichele jedoch nur misstrauisch, weshalb sie ihre Ärztin als „schlechte Menschenkennerin" bezeichnet, da diese sonst bemerkt hätte, dass sie nichts so argwöhnisch macht, wie „so ein grosses Tier" (ebd.). Trotz aller Vorbehalte fährt sie dennoch nach Tübingen in die Klinik, jedoch mehr aus Gefälligkeit ihrer Ärztin gegenüber als aus eigener Überzeugung (vgl. ebd.).

6.5 Begegnung mit Dr. Wolfgang Stockmayer

Julie Aichele beschließt, „mit aller Vorsicht gewappnet" (Aichele 18, S. 5), sich diesen „bedeutenden Mediziner" zunächst einmal anzusehen. Der Beschreibung ihrer Hausärztin folgend, vermutet sie in ihm jedoch einen „radschlagenden Pfau". Es ist ihr „nicht zum Lachen in jener Zeit und an jenem Tag und es war eine harte Aussprache" (ebd.) sogleich. Die Befürchtungen, die sie ihm gegenüber im Vorfeld hatte, treten nicht ein, stattdessen ist sie alsbald fasziniert von seiner „schlichten Selbstverständlichkeit" von der sie „in ihrer kristallklaren Lauterkeit berührt [wird] in jenen schmerzlichschönen Augenblicken in der Tübinger Klinik" (ebd., S. 5 f.). Diese menschliche Erfahrung rettet sie damals aus ihrer Verzweiflung und lässt sie zu ihrer „positiven Natur" zurückfinden.

Das Wesen von Wolfgang Stockmayer berührt sie vor allem deshalb, weil er sein „grosses Wissen und Können nicht im Dienste persönlicher Eitelkeit gebraucht" (ebd., S. 6), sondern sich im Ganzen hergibt für jeden einzelnen Menschen. Die Analyse, welche sie bei ihm beginnt, befreit sie nach kürzester Zeit von ihren Symptomen und „nebenbei" führt die Behandlung vor allem dazu, einen „alten nie vergessenen Plan wieder aufzugreifen" (Aichele 32, S. 2), den Hofplan.

6.6 *Jungsche* Psychologie als Wegweiser

Die wiederbelebte Idee zur Umsetzung ihres Hofplans verbindet sich nun mit einer psychologischen Orientierung. Die *Jungsche* Psychologie, die sie während ihrer Behandlungszeit bei Wolfgang Stockmayer kennenlernt, gibt ihr einerseits eine neue Interpretation ihres Lebens vor, und stellt für sie andererseits einen Weg dar, um psychischen Störungen entgegenzutreten und sie zu bekämpfen. „Als ich tiefer eindrang in die Psychologie, stand der alte Plan sofort wieder da, und zwar jetzt als absolut verpflichtende, schicksalhafte Aufgabe" (Aichele 18, S. 2). Julie Aichele gibt an, in der Analytischen Psychologie „eine Antwort auf [ihr] lebenslanges fragendes Suchen und gleichzeitig einen Weg, auf dem weiter gesucht werden" (Aichele 32, S. 2) kann, gefunden zu haben. Sie sieht hierin vor allem die Möglichkeit, Kindern und Jugendlichen zu helfen. „Was mich aber am meisten bewegte, war die grosse Hilfsmöglichkeit für die bedrängte Jugend, die mir auf diesem Weg zu liegen schien" (ebd.). Damit stellt die *Jungsche* Psychologie für sie den Ausgangspunkt einer Errettung des Kindes sowie des Erwachsenen dar.

Sich prospektiv auf ihren weiteren Lebensweg beziehend, gibt Julie Aichele ein Gespräch zwischen ihr und Wolfgang Stockmayer wieder. Dieser gibt an, von C. G. Jung erfahren zu haben, dass fünfzig Prozent aller Patienten aus „Anstalten" herausgeholt werden könnten, wenn genügend Menschen zur Verfügung stünden. Im Gegensatz zu ihm geht sie hier noch einen Schritt weiter: „'Das müssen wir anders machen, wir müssen sorgen, dass sie nicht hineinkommen'" (Aichele 18, S. 2).

Durch diese Aussage wird deutlich, dass sich Julie Aichele nicht nur der Behandlung psychischer Störungen verschreiben, sondern vor allem prophylaktische Grundlagen hinsichtlich einer unneurotischen Entwicklung von Kindern schaffen möchte. Parallelen zu kindertherapeutischen Strömungen ihrer Zeit werden hierdurch aufgezeigt.

6.7 Praktische Umsetzung

Bereits im Haus der Kaufmannsfamilie Knecht, wo Julie Aichele nach dem Tod ihrer Mutter mit ihrem Vater zusammen lebt, beginnt sie Kinder bei sich aufzunehmen, um ihnen eine psychotherapeutische Behandlung zukommen zu lassen (vgl. I3, Z. 66 ff.). Dies stellt für sie jedoch keine Lösung auf Dauer dar, weshalb sie beschließt, ihren Plan in einer anderen Form zu verwirklichen. Sie errichtet ihr eigenes Kinderheim.

6.7.1 Hausbau

Mit dem Bau dieses Heimes, so Julie Aichele, wird ihr Hofplan „immerhin in bescheidenstem Ausmaß" (Aichele 17, S. 2) verwirklicht. Für sie wäre dieser jedoch „weitaus die schönste und wohl auch fruchtbarste Form des Wirkens" (ebd., S. 1) gewesen.

Im Jahre 1922 beginnt sie mit dem Hausbau, der damit in die „schlimmste Inflationszeit" fällt (vgl. Aichele a, S. 1). Elisabeth Wießner sowie Julie Aicheles Schwester Katharina sind maßgeblich an der finanziellen Unterstützung der Baumaßnahmen beteiligt (vgl. ebd.; E 203 I Bü 1903). Gleich zu Beginn liegt auf dem Haus eine schwere Schuldenlast, und Julie Aichele ist durch die Aufregung und die Mühen der Bauzeit schwer erschöpft (vgl. Aichele a, S. 1). An Sorgen mangelt es ihnen nicht, denn im Laufe der Jahre steht immer wieder die Frage im Raum, ob das Haus weitergeführt werden kann oder ob es geschlossen werden muss (vgl. ebd., S. 2). „Und immer wieder hat sich ein Ausweg gezeigt, ist uns von irgend einer Seite geholfen worden" (ebd.). Die Fertigstellung sowie der Einzug können erst nach der Umstellung auf Goldmark erfolgen (vgl. ebd., S. 1). Zwei Jahre später stirbt Julie Aicheles Schwester Katharina. Dies bedeutet

neben dem Verlust eines lieben Menschen, auch das Ende der finanziellen Unterstützung (vgl. Aichele a, S. 1 f.). Welch innige Beziehung zwischen Julie Aichele und ihrer Schwester bestanden hat, kommt durch die letzten Worte vor ihrem
Tod zum Ausdruck: „Bringen sie mich durch! Ich muss noch bei meiner Schwester bleiben" (Staatsarchiv Ludwigsburg E 203 I Bü 1903).

Trotz der finanziellen Krise kann jedoch ihr „Sorgengeist" nicht getrübt
werden und Elisabeth Wießner fällt gerade in dieser Zeit etwas Bedeutendes an
ihr auf. Sie beschreibt, dass Julie Aichele immer wieder Pläne schmiedete, die
niemals hätten verwirklicht werden können (vgl. Aichele a, S. 4). Erst allmählich, so Elisabeth Wießner, habe sie begriffen, „dass gerade diese verwegenen
Pläne hinüber helfen mussten über so manchen Tiefstand und ein nicht einge-
standenes Verzagen" (ebd.). Aufgrund der schlechten finanziellen Lage vermie-
tet Julie Aichele deshalb auch Zimmer an außenstehende Personen, wie beispielsweise an den österreichischen Schriftsteller Zdenko von Kraft oder an die
Familie Mahron, welche durch Kriegsschäden an ihren Häusern heimatlos ge-
worden waren (vgl. I3, Z. 12 ff.). Elisabeth Wießner merkt an, dass besonders in
der Kriegszeit so „manchen Vertriebenen und Ausgebombten" (vgl. Aichele a, S.
13) Zuflucht im „Haus Aichele" gewährt wurde.

6.7.2 Innenräume und Außenbereich

Zehn bis fünfzehn Kinder konnten im „Haus Aichele" leben, so die Aussage der
Zeitzeugen (vgl. I2, Z. 561; I1, Z. 201 f.). Ihnen standen hierbei vier bis fünf
Kinderzimmer mit zwei bis vier Betten zur Verfügung (vgl. I2, Z. 567 ff.; I1, Z.
181 f.). Julie Aichele selbst hatte ihr Zimmer im Dachgeschoss des Hauses, wo
auch ihr Vater bis zu seinem Tod im Jahre 1934 residierte (vgl. I4, Z. 148 f.). Die
anderen Bewohner, beispielsweise die Familie Mahron, wohnten „mitten im
Kinderheim" (I2, Z. 43 f.), so Irmgard Bosch.

Im großen naturbelassenen Garten ist viel Raum zum Spielen gegeben. Es
stehen den Kindern zudem ein Barren, ein Reck und eine Schaukel zur Verfügung. Auch das langersehnte Planschbecken wird errichtet (vgl. Aichele a, S. 4
f.), welches heute noch besteht.

6.8 Mitarbeiterinnen

Julie Aichele wird in ihrem Kinderheim von „Erzieherinnen" unterstützt, die
oftmals selbst als therapiebedürftig in ihr Haus kommen. Auf die Frage nach der
Anzahl an Mitarbeiterinnen äußert sich Irmgard Bosch dahingehend, dass es

höchstens drei gewesen sein konnten (vgl. I2, Z. 309 f.), während Eugenia
Mahron von einer ungewöhnlichen Personaldichte spricht (vgl. I3, Z. 108). Alle
Mitarbeiterinnen waren von morgens bis abends im Einsatz, so Irmgard Bosch
(vgl. I2, Z. 310 f.).

Neben Julie Aichele erwähnen alle vier Interviewpartner zwei weitere Namen. Zum einen, den der Köchin des Hauses Dora Schuler, zum anderen sprechen sie alle vier vom sogenannten „Reiffle" (vgl. I1, Z. 42 f.; I2, Z. 100 ff.; 115;
I3, Z. 120; 144; I4, Z. 89 f.). Julie Aichele lernt Dora Schuler bereits vor dem
Tod ihrer Mutter kennen, und sie ist ihr in schweren Zeiten eine sehr große Stüt-
ze (vgl. Aichele a, S. 11). Irmgard Bosch bezeichnet sie als „so sehr großes Original" (I2, Z. 101 f.) und Peter Möhrle merkt an, dass sie sich wie eine Mutter
den Kindern zugewandt hat und immer für alle zugegen war (vgl. I1, Z. 424 ff.).
Darüber hinaus bezeichnet er sie als die „Seele der [gesamten] Kompanie" (vgl.
I1, Z. 43 f.).

Das sogenannte „Reiffle" ist neben Julie Aichele *die* „Haupthilfskraft" in
der Kinderbetreuung (vgl. I3, Z. 124). Peter Möhrle beschreibt sie als eine Person, die eine sehr große Ausstrahlung hatte (vgl. I1, Z. 353 f.). „Die Frau Reiff
war immer fröhlich, immer gut gelaunt, die hat sich da wohl gefühlt. Die hing
auch am Haus Aichele" (I1, Z. 410 ff.). Dieses „Trio", so Peter Möhrle, leitete
das Geschehen im Kinderheim (vgl. I1, Z. 131).

6.9 Alltag

Durch die Experteninterviews konnten einige Details über den Alltag im „Haus
Aichele" in Erfahrung gebracht werden. Hierbei wurde deutlich, dass das Leben
der Kinder sich überwiegend in freier Natur abgespielt hat. Hildegard Aichele
berichtet, dass Ausflüge und Wanderungen, beispielsweise auf den „Beurener
Fels", den „Hohenneuffen", die „Teck" oder zum nahe gelegenen Steinbruch
unternommen wurden (vgl. I4, Z. 122 ff.), was auch von Peter Möhrle bestätigt
wird. Darüber hinaus fügt er hinzu, dass er selbst sehr viel Zeit auf dem Sport-
platz verbracht und im Dorf einem Bauern bei der Landwirtschaft und der Wein-
lese geholfen hat. Auch er kann sich an einen Ausflug zu einem Steinbruch erinnern, wo nach Fossilien gesucht wurde (vgl. I1, Z. 48 ff.). Irmgard Bosch erzählt,
dass die Kinder mit dem Leiterwagen spazieren gegangen sind und Tannenzap-
fen gesammelt haben, um damit anzufeuern (vgl. I2, Z. 470 ff.).

Der Tagesablauf im „Haus Aichele" wird von Peter Möhrle als „ganz normal" beschrieben, wobei er den gemeinsamen Essenszeiten große Bedeutung
zuweist (vgl. I1, Z. 70 f.; 260 f.). Dies wird auch von Irmgard Bosch bekräftigt

und darauf zurückgeführt, dass Julie Aichele bei diesen meist zugegen war (vgl. I2, Z. 475 ff.).

Peter Möhrle berichtet, dass einmal in der Woche ein Kind mit dem Leiterwagen beim nahe gelegenen Bäcker Brot geholt hat und als Belohnung dafür das Anfangsstück, welches besonders knusprig war, essen durfte (vgl. I1, Z. 72 ff.).

Besondere Betonung legen Irmgard Bosch und Eugenia Mahron auf die Theateraufführungen, die im Haus stattfanden und immer ein „großes Erlebnis" waren (vgl. I2, Z. 65 ff; I3, Z. 558 ff.). Darüber hinaus merken Peter Möhrle, Eugenia Mahron und Elisabeth Wießner an, dass es ein Klavier gegeben und das Musizieren im Haus eine zentrale Rolle gespielt hat (vgl. I1, Z. 146; I3, Z. 205 ff.; Aichele a, S. 6).

In ihrer Freizeit haben die Kinder gebastelt, Baumhäuser gebaut oder Figuren aus Holz ausgesägt (vgl. I4, Z. 54 f.; I1, Z. 260 ff.; I2, Z. 434 ff.). Auch wurde gemalt, gestrickt, genäht und gewebt (vgl. Aichele a, S. 6). Zusätzlich haben die jungen Menschen Werk- und Laubsägearbeiten durchgeführt, Figuren aus Wachs- und Knetmasse modelliert sowie Faltschnitte hergestellt und mit Ton gearbeitet (vgl. I4, Z. 54 ff.; I1, Z. 134). Hildegard Aichele gibt darüber hinaus an, auch Körbe geflochten zu haben (vgl. I4, Z. 60).

6.10 Klientel

Zu Beginn ihrer pädagogisch-therapeutischen Arbeit nimmt Julie Aichele außer Kindern und Jugendlichen auch Erwachsene in ihrem Heim auf, so dass in der Publikation von Lorenz und Schmauder fälschlicherweise von einem Erholungsheim gesprochen wird (vgl. 2004, S. 178 f.). Ab dem Jahre 1936 stehen dann nur noch Kinder und Jugendliche in ihrer psychotherapeutischen Behandlung, da sich die Konstellation von erwachsenen und kindlichen Patienten als überaus ungünstig erwiesen hat (vgl. Aichele a, S. 13). Aufgrund ihrer jahrelangen Erfahrung – sowohl mit jungen Menschen als auch mit Erwachsenen – gibt sie rückblickend an, „jedes Lebensalter gründlich kennen gelernt" (Aichele 17, S. 4) zu haben.

Das Klientel, welches in ihrem Kinderheim Aufnahme findet, kann in vier verschiedene Gruppen eingeteilt werden. Erstens die Gruppe der Kleinkinder im Alter zwischen vier und sechs, zweitens eine Gruppe von Kindern zwischen acht und zwölf, drittens die jungen Männer zwischen vierzehn und achtzehn und viertens die jungen Frauen zwischen achtzehn und dreißig Jahren.

Wie die Kinder vermittelt wurden, bleibt fraglich. Irmgard Bosch und Eugenia Mahron geben an, dass dies wohl über „Mundpropaganda" vonstattenging (vgl. I2, Z. 603 ff.; I3, Z. 361 ff.). Auch die Familie von Peter Möhrle erfuhr durch eine nahe Verwandte von der Existenz des „Haus Aichele" (vgl. I1, Z. 13 ff.). Überdies kann belegt werden, dass Julie Aichele auch Kinder vom Jugendamt zugewiesen wurden (vgl. Aichele 20, S. 12). Sie kamen aus ganz Deutschland, beispielsweise aus Berlin oder dem Rheinland, so Irmgard Bosch und Eugenia Mahron (vgl. I2, Z. 242 f.; I3, Z. 166 ff.).

6.10.1 Kleinkinder (4-6 Jahre)

Julie Aicheles pädagogisch-therapeutische Arbeit zeichnet sich vor allem darin aus, besonderen Wert auf die Behandlung von sehr jungen Menschen zu legen. Ihr ist es deshalb ein großes Anliegen „mindestens eine Zeit im Jahr Platz zu schaffen für Kinder, die noch nicht zur Schule gehen" (Aichele 17, S. 3), da sie die tiefenpsychologische Behandlung in diesem Lebensalter für äußerst vielversprechend hält (vgl. ebd., S. 4):

> Alle oft schon wirklich schweren neurotischen Störungen bei Kindern, mit denen ich in meiner Praxis zu tun hatte, die noch vor der Pubertät waren, liessen sich verhältnismässig rasch beheben, und es ist mir von diesen Kindern kaum ein Rückfall bekannt (Aichele 22, S. 3).

Sie fordert deshalb dazu auf, einen Weg zu finden, um die Behandlung von Kleinkindern in besonderem Maße voranzutreiben (vgl. Aichele 17, S. 7), denn „je kleiner der Mensch ist, desto leichter ist er zur Umkehr zu bewegen und auf den sogenannten normalen Weg zurückzuführen" (ebd., S. 5).

Auch die Beobachtung von Säuglingen stellt für sie eine Selbstverständlichkeit dar und gibt ihr Hinweise auf wechselseitige Prozesse zwischen Erwachsenen und Kindern (vgl. Oberborbeck 1999, S. 5).

6.10.2 Kinder (8-12 Jahre)

Junge Menschen im Alter zwischen acht und zwölf Jahren bilden die Hauptgruppe in Julie Aicheles Kinderheim. Auch die kasuistischen Beispiele in ihren Schriften beziehen sich hauptsächlich auf diese Altersspanne. Oberborbeck führt hier die These an, dass dadurch das gute Verständnis zu ersehen ist, welches sie gerade diesen Kindern entgegenbringt (vgl. 1999, S. 5).

6.10.3 Junge Männer (14-18 Jahre)

Zu den jungen Männern zwischen vierzehn und achtzehn Jahren unterhält Julie Aichele eine sehr besondere Beziehung. Diesbezüglich sieht sie sich deshalb auch in Gefahr, Spezialistin für diese Altersgruppe zu werden, was ihr jedoch selbst etwas suspekt vorkommt:

> Es geht eben offenbar auch beim Psychologen selbst durchaus irrational zu, denn rational gesehen, würde ich ja einem [sic!] jungen Mann nicht gerade zur Grossmutter schicken zur Förderung seiner Entwicklung. Tatsache aber ist, dass diese jungen Menschen mir gegenüber sich mit einer Seite herauswagen, mit der sie sonst nicht zum Zug kommen und die offenbar nur mit Sturm und Drang und grossem Krach herauf kann, und vor der sie sich offenbar selbst fürchten (Aichele 17, S. 2 f.).

Diese tiefgehende reziproke Verbindung führt sie auf ihre „durchkämpfende Manneskraft" zurück, die sie „als Kind und junges Mädchen in [ihren] Spielen und Kameradschaften erfahren und begriffen" (ebd., S. 3) hat. Im Jahre 1943 gibt sie an, dass sich allein im letzten Jahr sieben junge Männer zur Behandlung in ihrem Haus befanden. Die Arbeit mit ihnen bezeichnet Julie Aichele als ein Erlebnis, welches sie nicht so recht formulieren kann: „Es ist ein Gefühl der Bestätigung alles [sic!] Glaubens an die ordnende Sinngebung des Geistigen als einer starken Kraft" (ebd.).

Im Anschluss wird nun die Gruppe der jungen Frauen zwischen achtzehn und dreißig Jahren vorgestellt. Sie legt ihnen folgendes pädagogisch-therapeutisches Konzept zugrunde.

6.10.4 Junge Frauen (18-30 Jahre)

Julie Aichele möchte jungen Menschen vor allem auch wirtschaftlich die Möglichkeit bieten, sich einer psychologischen Behandlung zu unterziehen. Deshalb stellt sie ihnen einen Zeitraum zur Verfügung, innerhalb dessen sie wirklich zu sich selbst finden können „durch Arbeitsleistung". Sie berichtet, dass im Laufe der Jahre mehr als zehn junge Mädchen – manchmal ein halbes, manchmal ein ganzes Jahr – bei ihr sind, um praktische Arbeiten, wie beispielsweise Hauswirtschaft, Gartenarbeit, Kinderpflege, Maschinenschreiben, Nähen oder Ähnliches zu erlernen. Je nach wirtschaftlicher Lage bezahlen sie etwas für die Behandlung oder auch nicht. Meist sind dies junge Frauen, welche nicht sogleich in einen Beruf hineinfinden können und nun bei ihr ausprobieren, welche Art der Beschäftigung ihnen Freude bereitet. Julie Aichele merkt an, dass dies eine „sehr fruchtbare Lehrzeit" außerhalb ihrer eigentlichen Behandlungszeit gewesen sei (vgl. Aichele 17, S. 2). Zusammenfassend hält sie fest:

> Ich habe also immerhin in bescheidenem Ausmaß meinen Hofplan verwirklicht und gesehen, dass hier ein gagnbarer [sic!] Weg liegt. Für mich selbst nannte ich das eine indirekte psychologische Behandlung, die ja in erster Linie für das Kind ganz selbstverständlich ist, die aber für eine Anzahl erwachsener Menschen wirklich mit Erfolg angewandt werden kann; freilich nur im Zusammenleben. Hier will ich noch bemerken, dass diese Menschen, die in der gleichzeitigen Arbeitsverpflichtung bei mir waren, mit einer einzigen Ausnahme, ganz in Beruf und Arbeit hineingefunden haben (Aichele 17, S. 2).

Nachdem nun die Darstellung der unterschiedlichen Gruppen, die in Julie Aicheles Kinderheim Aufnahme gefunden haben, erfolgt ist, werden nun die Symptomatiken benannt und zusammengefasst, welchen ihre Patienten unterlagen.

6.11 Symptomatiken

Julie Aichele nimmt Menschen mit psychischen und psychosomatischen Erkrankungen in ihr Heim auf. Dahingehend filtert Oberborbeck folgende Diagnosen heraus: Soziale Auffälligkeiten, psychosomatische Störungen, Asthma, psychogene Entwicklungsstörungen, Lernstörungen, neurotische Ängste, Schulversagen und Depressionen (vgl. 1999, S. 4). Julie Aichele selbst skizziert in ihrer Schrift „Erziehersorgen" folgende Symptomatiken: „Unordnung und Schlamperei, Unsauberkeit, tölpelhaftes Benehmen, Auflehnung und störrisches Wesen, Eigentumsverletzungen oder Prahlerei" (Aichele 8, S. 4). Des Weiteren merkt sie an: „Die Liste könnte, wie jeder Einsichtige weiß, beliebig verlängert werden" (ebd.).

Im Nachfolgenden werden die Punkte Aufenthaltsdauer und Schule untersucht, um im Anschluss daran die Verbindung zum „Deutschen Institut für psychologische Forschung und Psychotherapie" in Berlin herzustellen.

6.12 Aufenthaltsdauer

Die Dauer des Aufenthaltes ist mit drei bis zwölf Monaten sehr kurz. Auch bei schweren Störungen hält sie daran fest, dass ein Kind nicht über einen längeren Zeitraum von seinen Eltern getrennt werden sollte, da sonst schwere Schädigungen im psychischen Gesamthaushalt auftreten können. Für die Praxis ergibt sich hieraus die Konsequenz, eher mehrere kurzfristige Aufenthalte mit Pausen durchzuführen, als den Verlust von Bindungen an die Familie zu riskieren. Nur in seltenen Fällen sieht sie eine langfristige Trennung für notwendig an, wobei hier jedoch stabile und emotionale Ersatzbeziehungen aufgebaut werden müssen (vgl. Oberborbeck 1999, S. 4).

6.13 Schule

Nun stellt sich auch die Frage, wie der Heimaufenthalt mit der Schulpflicht einhergehen konnte. Es ist bekannt, dass Julie Aichele für viele Kinder ein „Dispens" beantragte, um sie während ihrer Behandlungszeit von der Pflicht in die Schule zu gehen zu befreien (vgl. Aichele 15). Auch Irmgard Bosch bestätigt dies, gibt jedoch an, dass einige Kinder die Grundschule in Beuren besucht haben (vgl. I2, Z. 132 ff.). Auch Peter Möhrle nahm während seines Aufenthaltes im Kinderheim am Unterricht in einer „Zwergschule"[21] teil (vgl. I1, Z. 229 ff.). In diesem Zusammenhang kann sich Irmgard Bosch an einen Lehrer erinnern, der in enger Kooperation mit Julie Aichele stand. Bezüglich der Schüler aus dem „Haus Aichele" nahm er große Rücksicht und bewertete deren Leistungen nicht in derselben Art und Weise, wie bei den anderen Kindern (vgl. I2, Z. 140 ff.). Ob auch Privatunterricht im Haus stattgefunden hat, bleibt offen (vgl. I2, Z. 152 ff.; I3, Z. 262 ff.).

6.14 Verbindung zum „Deutschen Institut für psychologische Forschung und Psychotherapie" in Berlin

Nachdem nun zahlreiche Informationen bezüglich der konzeptionellen Leitgedanken ihres Kinderheimes wiedergegeben wurden, ist es an dieser Stelle notwendig auf die Verbindung zum „Deutschen Institut für psychologische Forschung und Psychotherapie" in Berlin hinzuweisen.

Im Jahre 1939 wird an diesem eine Abteilung für „Erziehungshilfe" eingerichtet, die in Kooperation mit dem Beurener Kinderheim steht. Das oberste Ziel dieser Abteilung liegt darin, neurotische Erkrankungen so früh wie möglich zu erkennen, zu behandeln und auch präventive Maßnahmen dahingehend zu etablieren (vgl. Oberborbeck 1992, S. 36). Neben der psychotherapeutischen Hilfe für neurotische Kinder geht es darüber hinaus jedoch auch vor allem darum, Grundlagen für eine systematisch aufgebaute, tiefenpsychologische Kinderthera-

---

[21] Ob es sich hierbei um die heutige Grundschule Beurens handelt, bleibt fraglich.

pie zu entwickeln, welche es in dieser Form zu diesem Zeitpunkt noch nicht gibt. Die Grundlagen dieser wissenschaftlichen Disziplin sind noch nicht ausreichend theoretisch fundiert, und man ist deshalb darauf angewiesen, möglichst viel empirisches Material zur Veranschaulichung zu erhalten (vgl. Oberborbeck 1992, S. 40 f.). Es wird hierbei vor allem großen Wert auf langfristige Therapien gelegt, welche in „Heilerziehungsheimen" durchgeführt werden. In Deutschland gibt es Anfang des 20. Jahrhunderts drei Heime, die psychoanalytisch orientiert und in enger Zusammenarbeit mit der Abteilung „Erziehungshilfe" in Berlin stehen. Neben Julie Aicheles Kinderheim nennt Oberborbeck das Berliner Heim unter der Leitung von Dr. Adelheid Fuchs-Kamp sowie das Schwalenberger Heim unter Karoline Schmidt und Modesta Timme. Die Kooperation wird von einem Referenten für Heimerziehung betrieben, welcher die Kinderheime regelmäßig besucht und deren Anregungen mit nach Berlin nimmt (vgl. ebd., S. 51 f.). Dieser betont, dass die Arbeit von Julie Aichele indirekten sowie auch direkten Einfluss auf die Entwicklung des „Deutschen Instituts" genommen hat (vgl. ebd., S. 45). Das Heim Beuren trug demnach maßgeblich zur Weiterentwicklung von kindertherapeutischen Grundlagen sowie zum Aufbau der Abteilung „Erziehungshilfe" bei (vgl. ebd., S. 41).

Kinderheim Beuren im Ausbildungsplan des „Deutschen Instituts"

Im Wintersemester 1941/42 bietet das „Deutsche Institut" unter anderem die Veranstaltung „Kinderheim Beuren" unter der Leitung von Helene Wünsche an (vgl. Oberborbeck 1992, S. 42 f.). Des Weiteren übernimmt das Institut von Julie Aichele auch Erfahrungswerte bezüglich ihrer pädagogisch-therapeutischen Arbeit. Dahingehend rät sie an, Kindern unter zehn eine Behandlungsdauer von sechs Monaten zukommen zu lassen, während für Kinder über zehn die Behandlungszeit durchschnittlich ein Jahr betragen sollte. Die Altersgrenze legt sie bei fünfzehn Jahren fest (vgl. Lockot 1985, S. 203).
    Nachdem nun den praktischen Grundlagen Aufmerksamkeit geschenkt wurde, erfolgt im Anschluss die Darstellung eines theoretischen Fundaments, welchem sich Julie Aichele hinsichtlich einer Strukturierung ihrer Erziehungsgedanken bedient. Der entscheidende Schritt einer Annäherung an ihre theoretische Konzeption von Erziehung wird damit vollzogen.

7 Theoretisches Fundament: Die Analytische Psychologie von C. G. Jung

Julie Aicheles praktische Arbeit in ihrem Kinderheim sowie die theoretische Reflexion derselben innerhalb ihrer Schriften, beruhen auf der theoretischen Grundlage der Analytischen Psychologie von C. G. Jung. Ihre Gedanken zur Erziehung werden durch diese psychologische Grundorientierung maßgeblich geprägt und strukturiert. Um im nachfolgenden Kapitel die Ergebnisse der Auswertung ihrer Aufsätze vorstellen zu können, ist es notwendig, vorab eine Darstellung der elementaren Inhalte der *Jungschen* Psychologie und Psychotherapie zu manifestieren. Hier wird in der Hauptsache den zentralen Begriffen und theoretischen Hintergründen Aufmerksamkeit geschenkt, die in direktem Bezug zu Julie Aicheles Schriften stehen.

7.1 Einführung

Die *Jungsche* Psychologie wird innerhalb ihres Wissenschaftsgebietes weniger wie eine Theorie als vielmehr wie „eine Anschauung seelischen Lebens" angesehen. Die äußere Wirklichkeit wird durch die Psyche des Menschen mitbedingt, wodurch „die traditionelle Subjekt-Objekt-Spaltung" (Röthlisberger 1978, S. 3) aufgehoben und überwunden wird. Das Theoriegebäude der Analytischen Psychologie wird so zu einer Weltanschauung ausgeweitet, in die zahlreiche philosophische Grundgedanken einfließen. Das Seelische gewinnt zwar dadurch an Dimension, verliert jedoch in gleichem Maße auch an Kontur (vgl. ebd.). Des Weiteren wird der Mensch in einem weiten, geheimnisvollen Sinnzusammenhang erlebt, der die Grenze zur metaphysischen Ebene überschreitet (vgl. Kast 2002, S. 9).

Somit kann hier festgehalten werden, dass diese Betrachtungsweise jegliche Vorstellung von Psychologie sowie Psychotherapie sprengt.

7.2 Wesen der Psyche

In der Analytischen Psychologie wird das Wesen der Psyche durch die zwei Sphären – Bewusstes und Unbewusstes – beschrieben, welche in ihren Eigenschaften zwar gegensätzlich sind, sich in ihrer Konstellation jedoch komplementär bzw. kompensatorisch zueinander verhalten (vgl. Jacobi 1959, S. 6 f.). Das Bewusstsein stellt innerhalb dieser Interpretation jene Seite dar, die zweckmäßig auf eine „Anpassung an die äußere Wirklichkeit" (ebd., S. 7 f.) ausgerichtet ist. Eine Kommunikation mit der Außenwelt geschieht mittels des Ichs, das die zentrale Größe des Bewusstseins darstellt (vgl. Stein 2000, S. 23 ff.). Erfahrungen, die in der inneren und äußeren Welt gemacht werden, müssen durch das Ich hindurch, um bewusst wahrgenommen zu werden. Alle anderen Beziehungen, die das Ich nicht als solche empfindet, bleiben unbewusst (vgl. Jacobi 1959, S. 8). Sie stellen „Vergessenes, Verdrängtes, unterschwellig Wahrgenommenes, Gedachtes und Gefühltes" (Jung 1950, S. 656) jeglicher Art dar. Diese Inhalte können beispielsweise mit Hilfe von therapeutischen Interventionen ins Bewusstsein gehoben werden (vgl. Jacobi 1959, S. 9). Sie erfüllen ihrerseits allein den Zweck der Erhaltung einer „ungestörten Kontinuität des psychischen Ablaufs" (ebd., S. 50). Im Gegensatz zum Unbewussten stellt das Bewusstsein den weitaus geringeren Teil der Gesamtpsyche dar „und schwimmt wie eine kleine Insel auf dem unabsehbaren Meer des Unbewußten" (ebd., S. 7).

Welche Bedeutung dem Unbewussten – allein durch die Ausdehnung an Raum innerhalb der Gesamtpsyche – damit beigemessen werden kann, wird an dieser Stelle besonders deutlich.

7.3 Struktur der Psyche

Es wird davon ausgegangen, dass die Psyche zahlreichen strukturellen Gegebenheiten unterliegt, die genetisch bedingt und von Natur aus dem Menschen auf seinem Weg ins Leben mitgegeben sind. Diese werden im Folgenden dargestellt und näher beleuchtet.

7.3.1 Einstellungstypen

Der Mensch ist von Beginn an mit einem bestimmten Orientierungssystem ausgestattet, mit dessen Hilfe er die Gegebenheiten seiner Umwelt strukturiert (vgl. Jung 1969, S. 20). Außer den Bewusstseinsfunktionen, welche im Anschluss erläutert werden, besteht dieses System aus zwei Einstellungstypen, derer sich der Mensch, je nach genetischer Tendenz, annimmt. Jung nennt sie die Extraversion und die Introversion. Diese beiden Einstellungsweisen sind zwar jedem Menschen inhärent, es herrscht jedoch jeweils nur eine als Anlage vor und prägt den Charakter des Menschen, während die andere mehr oder weniger unbewusst bleibt. Beide Einstellungstypen verhalten sich ebenso wie die beiden Hauptgrößen des psychischen Systems – Bewusstes und Unbewusstes – kompensatorisch zueinander. Ist demnach das Bewusstsein eines Menschen introvertiert gerichtet, so verhält sich sein Unbewusstes extravertiert und umgekehrt.

Der extravertierte Mensch hat ein überaus positives Verhältnis zum Objekt und somit zu seiner Umwelt (vgl. Jacobi 1959, S. 25 ff.). Wahrnehmungen, Urteile, Handlungen und Gefühle liegen bei ihm äußeren Faktoren zugrunde und es walten diejenigen Gefühle, die den günstigsten Erwartungen der bestehenden Situation entsprechen (vgl. Wolff 1981, S. 86). Der extravertierte Mensch ist daher mehr oder minder abhängig von seiner Umwelt, jedoch auch sehr anpassungsfähig und umgänglich (vgl. Schlegel 1973, S. 16).

Der introvertierte Mensch hingegen wird überwiegend durch subjektive Faktoren bestimmt (vgl. Jacobi 1959, S. 25). Gegenüber seiner Umgebung verhält er sich misstrauisch und ist versucht sich ihrem Einfluss fernzuhalten. Kriterien für die Richtigkeit seines Verhaltens und der Wahrheit seiner Urteile entnimmt er aus „seinem eigenen Inneren" (vgl. Schlegel 1973, S. 16). Daraus resultiert eine oft nicht gelungene Anpassung an seine Umgebung (vgl. Jacobi 1959, S. 25). Der psychologische Typus bildet somit „das Gerüst oder Skelett, das die spezifische Haltung gegenüber dem Stoff der Erlebnisinhalte präjudiziert und modifiziert" (Wolff 1981, S. 85 f.).

Außer den Einstellungstypen wird jedoch auch den Bewusstseinsfunktionen große Bedeutung beigemessen. Diese konstellieren sich je nach Beschaffenheit des Individuums mit einem der beiden Einstellungstypen.

7.3.2 Funktionen des Bewusstseins

Jung geht von vier Bewusstseinsfunktionen aus: „Denken" und „Fühlen" sowie „Empfinden" und „Intuieren". Wie die Einstellungstypen verhalten auch sie sich kompensatorisch zueinander (vgl. Stein 2000, S. 43). Der Funktion des „Denkens" kommt die Beurteilung und Bewertung bestimmter Sachverhalte zu (vgl. Roth 2003, S. 226). Hierbei wird versucht, begriffliche Zusammenhänge und logische Folgerungen zu einem Verstehen der äußeren Gegebenheiten sowie einer Anpassung an die Welt zu erreichen (vgl. Jacobi 1959, S. 14). Als deren Gegenspieler wird die „Fühlfunktion" angenommen. Diese hat die Aufgabe, gewisse Stimmungen als negativ oder positiv zu beurteilen und somit wertenden

Einfluss zu nehmen. Das „Empfinden" entspricht in der *Jungschen* Interpretation keiner Gefühls-, sondern einer Sinneswahrnehmung. Gegenspieler hier ist die Funktion des „Intuierens". Diesbezüglich wird angenommen, dass nicht wahrnehmbare Hintergründe bestimmter Situationen erfasst werden können (vgl. Roth 2003, S. 227).

Jedem Menschen liegen diese vier Funktionen vor, wobei nur eine davon weitreichend differenziert ist, damit die bewusste Einstellung strukturiert und die *superiore* Funktion genannt wird (vgl. Wolff 1981, S. 91 f.). Die zweite und dritte Funktion sind vom Menschen nur teilweise wahrnehmbar, wohingegen die vierte, die *inferiore* Funktion, dem bewussten Willen überhaupt nicht zur Verfügung steht (vgl. Jacobi 1959, S. 17). Diese vier Funktionen kommen im alltäglichen Leben nie in ihrer reinen Form vor, sondern immer mehr oder minder als „Mischtypen" (vgl. ebd., S. 23).

Wird durch Erziehung die Anpassung an eine bestimmte Funktion erzwungen, welche nicht der *superioren* Funktion entspricht, können Störungen im psychischen Gesamthaushalt auftreten (vgl. ebd., S. 42).

7.3.3 Persona

Mit der Differenzierung des Bewusstseins „hängt auch die allgemeine psychische Verhaltensweise des Menschen gegenüber seiner Umwelt zusammen, welche Jung die *Persona* nennt" (Jacobi 1959, S. 38; Hervorhebung im Original). Diese ist der Außenwelt zugewandt und stellt einen Ausschnitt aus der Bewusstseinssphäre dar (vgl. ebd.). Die *Persona* lässt sich als eine Art Maske beschreiben, mit welcher der Mensch sich in seinem beruflichen, sozialen und privaten Umfeld bewegt. Gleichzeitig dient sie auch als „Schutzschild", um sich gegen Einflüsse und Anforderungen von außen abzugrenzen (vgl. Roth 2003, S. 75). Fehlt die *Persona* „so trägt man kein schützendes 'Gesicht', sondern ist mit all seinen Launen und Stimmungen der Umwelt preisgegeben wie ein Kind" (Jacobi 1965, S. 49). Sie kann somit als „Kollektivsprache" bezeichnet werden, durch die sich der Mensch mit seinesgleichen verständigt (vgl. Röthlisberger 1978, S. 49). Darüber hinaus wird die *Persona* als das Hauptmerkmal psychischer Gesundheit angesehen, will der Mensch die Anforderungen seiner Umwelt mit Erfolg bewältigen (vgl. Jacobi 1959, S. 43). Um die Gesunderhaltung des psychischen Systems zu gewährleisten, muss die *Persona* deshalb unter anderem dem eigenen „Ich-Ideal" sowie dem allgemeinen Bild der Umwelt entsprechen. Können diese Bedingungen nicht erfüllt werden, gerät der Mensch in Konflikt mit sich selbst, die schützende Maske verkehrt sich in ihr Gegenteil und wird zum Hindernis auf dem Weg zur Entwicklung der eigenen Persönlichkeit (vgl. Jacobi 1959, S. 39).

7.4 Kollektives Unbewusstes und Archetypen

Zur Hypothese, dass in der Gesamtpsyche neben dem Bewusstsein und dem Persönlichen Unbewussten, dessen Eigenschaften unter Punkt 7.2 bereits erläutert wurden, noch eine dritte Instanz innewohnt, gelangt Jung durch Überlieferungen in Form von Material, welches ihm seine Patienten in Phantasien und Träumen zur Verfügung stellen (vgl. Stein 2000, S. 109). Bezugspunkt ist hier die Vision eines „geisteskranken" Patienten, der an der Sonne einen „Aufwärts-Schwanz" sieht, aus welchem, wenn er mit dem Kopf hin- und her wackelt, Wind entsteht. In Analogie hierzu findet er in der „Mithrasliturgie" die Beschreibung eines ähnlichen Sachverhaltes. Hier wird die Sonne mit einer hinunterhängenden Röhre beschrieben, die den Ursprung des Windes darstellt. In einer weiteren Beschreibung erkennt Jung das Motiv des „Ixion am Sonnenrade", welches der griechischen Mythologie entstammt, und in welchem er wiederum eine Analogie zwischen Phantasie und einem mythologischen Motiv entdeckt (vgl. Schlegel 1973, S. 112 f.). Durch diese Erlebnisse sieht er sich veranlasst, entsprechende Hypothesen hinsichtlich allgemeiner Strukturen aufzustellen, welche bei jedem Menschen gleich sind. Er vermutet sie in der tiefsten Schicht des menschlichen Unbewussten und gibt dieser den Namen Kollektives Unbewusstes (vgl. Stein 2000, S. 109). Hier liegt für ihn das geistige Erbe der gesamten Menschheit verborgen (vgl. Roth 2003, S. 97). Die Inhalte des Kollektiven Unbewussten stellt er sich als Kombination aus universellen Kräften und Mustern vor, die er als Archetypen bezeichnet (vgl. Stein 2000, S. 109). Platons „Idee", Schopenhauers „Prototypen" sowie Kants „a priori" dienen als Grundlage für Jungs Definition derselben (vgl. Samuels/Shorter/Plaut 1989, S. 45). Es handelt sich hierbei unter anderem um Motive aus Religion, Mythologie, Märchen und Sagen (vgl. Schlegel 1973, S. 113). Vorgänge, Muster und Gestalten des alltäglichen Lebens werden als archetypisch anerkannt,

> wenn sie, unabhängig von jeder mündlichen und schriftlichen Überlieferung, über Ort und Zeit hinweg universal verbreitet sind und sich als Motive, allenfalls in abgewandelter Form, in der allgemeinen Kulturgeschichte nachweisen lassen (Schlegel 1973, S. 114).

Die Archetypen können neben statischen Bildern auch dynamische Vorgänge widerspiegeln, so beispielsweise die Entwicklung des Ichs oder den Prozess des Alterns, also jede Form menschlichen Erlebens (vgl. Jacobi 1959, S. 58). Sie beinhalten demnach eine „lebensnotwendige Grundausstattung der menschlichen Psyche, ohne die der Mensch nicht überleben könnte" (Kast 2002, S. 117). Die Anzahl an Archetypen ist relativ begrenzt. Sie entspricht der Möglichkeit allgemeiner Prozesse und Erlebnisse, die der Mensch schon seit Urzeiten erfährt (vgl. Jacobi 1959, S. 67). Die Summe aller Archetypen ist deshalb die

> Summe aller latenten Möglichkeiten der menschlichen Psyche: ein ungeheures, unerschöpfliches Material an uraltem Wissen um die tiefsten Zusammenhänge zwischen Gott, Mensch und Kosmos (Jacobi 1959, S. 69).

Welche Region im psychischen Gesamthaushalt sich den verdrängten Anteilen des menschlichen Seelenlebens annimmt, wird im Anschluss vorgestellt.

7.5 Schatten

Ablagerungen im Unbewussten manifestieren sich im sogenannten *Schatten*. Dieser entsteht als Folge einseitiger Entwicklungen des Bewusstseins und stellt die im Ichaufbau abgelehnten und vernachlässigten Eigenschaften des Menschen dar (vgl. Jacobi 1965, S. 50):

> Der Schatten wächst parallel mit dem Ich, gleichsam als dessen 'Spiegelbild', und setzt sich zusammen aus den teils verdrängten, teils wenig oder gar nicht gelebten psychischen Zügen des Menschen, die von Anfang an aus moralischen, sozialen, erzieherischen oder sonstigen Gründen weitgehend vom Mitleben ausgeschlossen wurden und darum der Verdrängung bzw. Abspaltung anheimfielen (Jacobi 1965, S. 50).

Der *Schatten* veranschaulicht somit den *inferioren* Teil der Gesamtpersönlichkeit. Durch Träume oder Projektionen auf den Mitmenschen gelangen seine Inhalte an die Oberfläche. Diese äußern sich in kollektiven oder persönlichen Erscheinungsformen, je nachdem welchem Bereich des Unbewussten sie angehören (vgl. Jacobi 1959, S. 166 f.).

Nachdem nun eine Darstellung des Wesens und der Struktur der Psyche, wie sie in der *Jungschen* Psychologie Anwendung findet, erfolgt ist, werden im Anschluss hieran die Wirkungsgesetze erläutert, derer sie unterliegt.

7.6 Wirkungsgesetze der Psyche

Das gesamte psychische System wird von einer bestimmten Energie durchflutet, die sämtliche Tätigkeiten und Formen miteinander verbindet und sich damit „in dauernder energetischer Bewegtheit befindet" (Jacobi 1959, S. 75). Diese psychische Energie, zusammen mit ihren beiden Richtungsanzeigern Progression und Regression, nennt Jung die *Libido*.

7.6.1 Libido

Im Gegensatz zur *Freudschen* Definition wird der Begriff der *Libido* in der *Jungschen* Psychologie analog zum Energiebegriff in der Physik entwickelt (vgl. Jacobi 1959, S. 75). Er ist somit „weder ausschließlich noch von vornherein sexueller Natur" (Kranefeldt 1950, S. 94). Bezüglich dieser Betrachtungsweise erhält auch das grundsätzliche Prinzip der Gegensätzlichkeit, welches andeutungsweise bereits erwähnt wurde, seinen Sinn. Denn alle Energie

> beruht notwendigerweise auf einem vorausgehenden Gegensatz, ohne welchen es gar keine Energie geben kann. Immer muß Hoch und Tief, Heiß und Kalt usw. vorhanden sein, damit der Ausgleichungsprozeß, welcher eben Energie ist, stattfinden kann (Jung 1943, S. 137).

Diese Energie ist fähig sich zu verlagern und von einem Element des Gegensatzpaares zum anderen hinüberzugelangen (vgl. Jacobi 1959, S. 80 f.). Bindet beispielsweise das Bewusstsein zu wenig *Libido* an sich, ist das Unbewusste umso mehr damit angereichert und umgekehrt (vgl. Kranefeldt 1950, S. 95).

7.6.2 Progression und Regression

Die energetische Bewegung verhält sich gerichtet und zweckmäßig. Dabei wird zwischen einer Progressiven und einer Regressiven Bewegung unterschieden (vgl. Jacobi 1959, S. 83). Die Progressive Richtung ist ein fortlaufender Anpassungsprozess an die Umweltbedingungen, wohingegen die Regressive Bewegung erst dann eintritt,

> wenn durch das Versagen der bewußten Anpassung und der dadurch hervorgerufenen Intensivierung des Unbewußten, oder etwa durch Verdrängung usw. eine einseitige, aber ihrer besonderen Natur nach unvermeidliche Aufstauung der Energie zu-

stande kommt, als deren Folge die Inhalte des Unbewußten über Gebühr mit Energie besetzt werden und anschwellen (Jacobi 1959, S. 83 f.).

Versagt beispielsweise bei einem Menschen die *superiore* „Denkfunktion", reguliert die noch unentwickelte in „embryonaler respektive archaischer" Form bestehende gegensätzliche „Fühlfunktion" das Geschehen. Das Bewusstsein wird dazu gezwungen, diese aufgrund der Selbstregulation des psychischen Systems anzunehmen, was zu ihrer notwendigen Anpassung führt (vgl. Jung 1976, S. 47). Dabei wird die Progressive Richtung überschwemmt und frühere Entwicklungsphasen aktivieren sich (vgl. Wolff 1981, S. 195).

Progression und Regression tauchen jedoch nicht immer nur in der hier dargestellten extremen Form auf. Jede zielgerichtete oder zweckmäßige psychische Anstrengung, jeder bewusste Akt des Willens ist Ausdruck der Progression und jede Zerstreutheit oder Ermüdung deutet auf einen regressiven Vorgang hin (vgl. Jacobi 1959, S. 84). Bei Kindern tritt dies relativ häufig auf, da sie in kürzester Zeit vielen schwierigen Anpassungsleistungen der Umwelt ausgesetzt sind und diesen entsprechen müssen (vgl. Wolff 1981, S. 196).

7.7 *Jungsche* Psychotherapie

Die *Jungsche* Psychotherapie wird als ein „*'Heilsweg' im doppelten Sinne des Wortes*" (Jacobi 1959, S. 89; Hervorhebung im Original) verstanden, wobei sie zum einen die Voraussetzung beinhaltet, den Menschen von jeglichen psychischen Leiden zu befreien, zum anderen kann sie diesen zu Erkenntnis und Vollendung seiner Persönlichkeit führen (vgl. ebd.). Sein Behandlungsverfahren gründet C. G. Jung auf folgendes psychotherapeutisches Verständnis:

> In der Psychotherapie scheint es mir geradezu ratsam, wenn der Arzt kein zu sicheres Ziel hat. Er kann es wohl kaum besser wissen als die Natur und als der Lebenswille des Kranken. Die großen Entscheidungen des menschlichen Lebens sind ja in der Regel viel mehr den Instinkten und sonstigen geheimnisvollen, unbewußten Faktoren unterworfen, als bewußter Willkür und wohlmeinender Vernünftigkeit. Der Schuh, der dem einen paßt, drückt den anderen, und es gibt kein allgemeingültiges Lebensrezept (Jung 1958, S. 43).

Deshalb wechseln die Methoden und deren Intensität, je nach Bedingung des einzelnen Falles und der psychischen Beschaffenheit des Patienten (vgl. Jacobi 1959, S. 90).

7.7.1 Behandlungsmethoden

Das Grundkonzept der *Jungschen* Psychotherapie besteht darin, so lange im Bewusstsein nach dem Ursprung psychischer Erkrankungen zu forschen, bis dort kein Material mehr vorhanden ist. Erst wenn diese Methode versagt, wird das Unbewusste als Quelle zur tiefenpsychologischen Behandlung genutzt (vgl. Ellenberger 1996, S. 964).

7.7.1.1 Anamnestische Analyse

Die Anamnestische Analyse stellt für Jung eine bedeutende Methode dar, um unbewusstes Material aus dem Bewusstsein zu erschließen. Die Vorgehensweise beruht auf einer zu Beginn der Behandlung sorgfältig durchgeführten Anamnese oder einer Rekonstruktion der Entstehung des Neurotischen Symptoms (vgl. Jung 1936, S. 43). Das Material, welches hinsichtlich dessen zu Tage gefördert wird, lässt den erfahrenen Analytiker oftmals schon auf den Entstehungsort der psychischen Erkrankung schließen:

> Sehr oft ist allein schon dieses Vorgehen von therapeutischem Wert, da es den Patienten befähigt, die Hauptfaktoren seiner Neurose zu verstehen und ihm so unter Umständen zu einer entscheidenden Aenderung seiner Einstellung verhilft (Jung 1946, S. 57 f.).

Hierbei ist es natürlich nicht zu vermeiden, dass Fragen gestellt werden, um mit Hilfe von Erklärungen den Patienten auf unbewusste Zusammenhänge hinzuweisen (vgl. ebd.).

Reicht die Methode der Anamnestischen Analyse zur Erschließung unbewusster Inhalte jedoch nicht mehr aus, muss der Weg über die Ausdrucksformen gewählt werden.

7.7.1.2 Die Analyse des Unbewussten

Mit Hilfe von Symbolen, die das Unbewusste repräsentieren und sich in Träumen, Zeichnungen oder Darstellungen äußern, können psychische Erkrankungen, die bereits in tieferen Schichten des Unbewussten lagern, erschlossen werden (vgl. Ellenberger 1996, S. 963). Denn

> Symbole sind Brennpunkte menschlicher Entwicklung. In ihnen verdichten sich existentielle Themen, in ihnen sind Entwicklungsthemen und damit verbunden auch immer Hemmungsthemen angesprochen (Kast 2002, S. 44).

Liegt eine schwerwiegende Störung im psychischen System vor, tauchen archetypische Bilder auf, die die Quelle des Problems versinnbildlichen. Bei Kindern erscheinen diese relativ häufig auf, da ihr Ich noch nicht vollständig ausgebildet ist, und sie deshalb von den Inhalten des unbewussten Bereiches noch leichter erfasst werden können. Sie leben somit „in einem engen Verwobensein mit der Welt der archetypischen, der mythischen, der allgemeinmenschlichen Bilder" (Jacobi 1965, S. 109). Pathogen wird dies erst, wenn sie zu lange im Bewusstsein verhaften und dadurch eine psychische Störung entsteht, die mit einer Nichtanpassung an die Umwelt einhergeht (vgl. Jung 1969, S. 115).

Das Symbol wird von Jung als *Libidogleichnis* bezeichnet, da hier Energie umgesetzt wird, und die *Libido* in anderer Form als der Ursprünglichen zum Ausdruck kommt (vgl. Jacobi 1959, S. 141). Die Symbole stellen somit „die eigentlichen *Energietransformatoren* des psychischen Geschehens" (ebd., S. 142; Hervorhebung im Original) dar. Ein Hauptanliegen der *Jungschen* Psychotherapie ist deshalb

> die symbolbildende Fähigkeit der Psyche und ihre naturgegebenen Tendenzen zur Selbstregulierung und Sinngebung anzuregen, ihre 'transzendente Funktion' zu fördern (Jacobi 1965, S. 110).

Entsteht ein Ungleichgewicht im seelischen Gesamthaushalt bilden sich im Unbewussten sogenannte Komplexe, die den stetigen Ablauf des Systems stören und sich im Bewusstsein durch Neurotische Symptome äußern. Diese unbewussten Vorgänge werden im Anschluss aufgezeigt.

7.7.1.3   Theorie der Komplexe

Symbole vergegenwärtigen Komplexe und stellen sozusagen deren „Verarbeitungsstätten" dar. Sie gehen aus dem Zusammentreffen einer Anpassungsleistung mit der individuellen Beschaffenheit des Menschen hervor (vgl. Kast 2002, S. 44 f.). Je nachdem wie dieses Zusammentreffen erlebt wird, schlagen sich im Unbewussten Grunderfahrungen nieder und bilden Komplexe. Sie haben einen archetypischen Kern, um welchen sich die persönlichen Erfahrungen des Individuums anreichern und diesen einen entsprechenden Gefühlston verleihen (vgl. Jacoby 1998, S. 126).

Jeder Mensch hat Komplexe. Diese zeugen jedoch nicht immer nur von Minderwertigkeit, sondern sind oftmals ein Beleg dafür, dass unverarbeitete Konflikte im Unbewussten lagern. In manchen Fällen mögen diese ein Hindernis darstellen, in der *Jungschen* Psychotherapie hingegen werden sie vor allem dahingehend interpretiert, dass sie einen Anreiz zu größerer Anstrengung bilden, um damit dem Menschen zu neuen Erfolgsmöglichkeiten zu verhelfen. Komplexe sind „in diesem Sinne geradezu Brenn- und Knotenpunkte" (Jacobi 1959, S. 54) im seelischen Leben, die nicht fehlen dürfen, da ansonsten die Aktivität der Gesamtpsyche zum Stillstand kommt. Steigt der Komplex ins Bewusstsein, erhebt sich das Unbewusste über die Bewusstseinsschwelle und dringt damit in die Ebene des Bewusstseins ein (vgl. ebd., S. 53). Der Komplex äußert sich dann in einem Neurotischen Symptom.

7.7.1.4 Das Neurotische Symptom

Das Neurotische Symptom ist ein „Alarmsignal", welches anzeigt, dass „etwas Wesentliches in der bewußten Einstellung nicht stimmt oder ungenügend ist, und daß also eine Bewußtseinserweiterung stattfinden sollte" (Wolff 1981, S. 101). Es übernimmt deshalb als „Ersatzleistung" die Vertretung der unbewussten Inhalte im Bewusstsein und ist somit „die Gestalt mit dem Hintergrund des Komplexes, von dem sich die Gestalt abhebt" (Röthlisberger 1978, S. 11 f.). Das Neurotische Symptom wird als „Stauungsphänomen" des *Libidostromes* angesehen und kann sich sowohl in somatischer als auch in psychischer Form zu erkennen geben (vgl. Jacobi 1959, S. 51). Es beinhaltet einen prospektiven Aspekt und zielt, statt wie angenommen, „nicht auf ein Beharren in der Krankheit als Selbstzweck" (ebd., S. 157) hin, sondern darauf, den Menschen aus seinen unbewussten Zuständen herauszudrängen (vgl. ebd., S. 157 f.).

7.8 Individuation

Die Individuation wird von Jung zum Weg und Ziel seiner Analytischen Psychologie erklärt, beinhaltet jedoch auch zugleich die Bestimmung und das Schicksal eines jeden Menschen (vgl. Schlegel 1973, S. 302).

Der Prozess der Individuation kann entweder unbewusst verlaufen oder mit Hilfe therapeutischer Interventionen „künstlich" hergestellt und bewusst gemacht werden (vgl. Jacobi 1965, S. 25).

Innerhalb der *Jungschen* Psychologie wird davon ausgegangen, dass jeder Mensch bei seiner Geburt aus einer undifferenzierten *Ganzheit* besteht. Im Laufe der weiteren Entwicklung grenzen sich die unterschiedlichen Strukturen von ihrer kollektiven Form ab, *Persona* sowie *Schatten* bilden sich heraus, und der Mensch findet zu seinem *ganz* individuellen Wesen (vgl. Stein 2000, S. 128 f.). Dadurch wird die Entfernung zwischen Bewusstem und Unbewusstem vergrößert und das Ich spaltet sich vom Selbst ab, welches als zentrale Größe die Gesamtpsyche umschließt und in dessen Bereich sich das Unbewusste manifestiert (vgl. Jacobi 1965, S. 43). Im Zuge des Individuationsprozesses wird diese Abspaltung schrittweise aufgehoben und zu seiner ursprünglichen *Ganzheit* wieder zusammengeführt (vgl. ebd., S. 24). Dies kann jedoch nur dann gelingen, wenn alle Gegensatzpaare, die im Laufe der Zeit differenziert wurden, wieder miteinander verbunden und in lebendigen Bezug zueinander gesetzt werden (vgl. Jacobi 1940, S. 181). In diesem Zusammenhang wird vorzugsweise von „Entelechie" gesprochen, da die *ganze* Persönlichkeit des Menschen schrittweise hervortritt, die eigentlich schon von Geburt an vorhanden war. Ist das Ziel des Menschen – seine Individuation – erreicht, findet im psychischen System die Vereinigung seiner beiden zentralen Größen, Ich und Selbst, statt (vgl. Schlegel 1973, S. 296). Diese Begegnung vermittelt dem Menschen das Erlebnis einer „transsubjektiven Ganzheit" und sprengt somit die Grenzen seines Ichs (vgl. Jacobi 1965, S. 70).

Parallel hierzu ist es auch von enormer Wichtigkeit als Individuum in gelungener Beziehung zu seinen Mitmenschen zu stehen (vgl. Kast 2002, S. 141). Denn es ist nötig, sich in gewissem Maße der Gemeinschaft zu unterstellen (vgl. Jacobi 1965, S. 102). Deshalb beinhaltet Individuation im Sinne Jungs „ein Einswerden mit sich selbst und zugleich mit der [gesamten] Menschheit" (Kast 2002, S. 13). Der Individuation weist Jung jedoch einen utopischen Charakter zu, denn diese kann niemals erreicht werden. Ihr Sinn besteht vielmehr darin, den Menschen in Bewegung zu setzen, seine Sehnsucht anzuregen und deutlich zu machen, was dieser in seinem Innersten ersehnt (vgl. ebd., S. 16). Die angestrebte *Ganzheit* bedeutet also an sich einen relativen Vorgang und an diesem weiterzuarbeiten wird als lebenslange Aufgabe verstanden (vgl. Jacobi 1940, S. 182):

> Es ist, als würde man [das Selbst] während des ganzen Lebens umkreisen, immer näher herankommen und immer engere Kreise ziehen, sein Wirken und Sein in allen Erscheinungsformen immer klarer erkennen, ohne sein letztes Geheimnis jemals zu enthüllen (Jacobi 1965, S. 70).

Mit Hilfe dieser Interpretation des menschlichen Seelenlebens, kann nun der entscheidende Schritt in Richtung Julie Aicheles Annäherung an eine Erziehungskonzeption gewagt werden.

8 Pädagogische Reflexion von Julie Aichele

Es erfolgt nun die Auseinandersetzung mit den Inhalten der hinterlassenen Schriften, welche Julie Aicheles praktisches Handeln in theoretischer Weise widerspiegeln. Ihrem Wirken legt sie eine doppelte Intention zugrunde. Zum einen möchte sie psychisch kranke Kinder von ihren Leiden befreien, zum anderen versucht sie durch theoretische Reflexion ihrer praktischen Arbeit Erziehungsgedanken zu konstruieren, um prophylaktisch neurotischen Störungen entgegenzutreten und diese gar nicht erst zur Entstehung kommen zu lassen. In der *Jungschen* Psychologie sieht sie die Verwirklichung dieser Anschauung gegeben und gelangt zu der sicheren Überzeugung,

> dass auf dem Boden dieser Betrachtungsweise sich ein Weg finden würde, um der grossen Werdenot der Jugend rechtzeitig zu begegnen und so den Strom menschlichen Elends, den wir Neurose nennen, an der Quelle zu fassen (Aichele 22, S. 2).

Inwieweit und in welchem Maße Julie Aichele hierbei konkret auch von der *Freudschen* oder der *Kleinianischen* Schule beeinflusst wurde, ist weder bekannt noch im Nachhinein festzustellen. Belegt werden kann lediglich, dass sie mit anderen *Jungschen* Kindertherapeuten in regem Kontakt stand. Käthe Weizsäcker-Hoss arbeitet beispielsweise während ihres Studiums einige Monate als Erzieherin bei ihr, Emma sowie C. G. Jung hospizieren regelmäßig im Beurener Kinderheim und nehmen an Seminaren teil. Gustav Richard Heyer kommt mit seinen Mitarbeitern und Schülern aus München, um theoretische und praktische Kenntnisse der *Jungschen* Kindertherapie von ihr zu erlernen. Trotz dieses großen Einflusses entwickelt und gründet Julie Aichele keine eigene Schule und nur wenige ihrer verfassten Schriften finden den Weg in die Öffentlichkeit (vgl. Oberborbeck 1999, S. 3; 33 f.). Worauf dies zurückzuführen ist, bleibt fraglich.

Auch andere Autoren begeben sich auf die Suche nach bislang wenig beachteten Kindertherapeuten. Werner (1983) stößt beispielsweise auf einen regen Briefwechsel zwischen Sigmund Freud und Lou Andreas-Salomé, die ebenfalls kindertherapeutisch gearbeitet hat und Freud wegen eines an *Pavor nocturnus* leidenden Mädchens um Rat bittet. Werner stellt sich daraufhin die Frage, ob nicht auch Anhänger der *Adlerschen* oder der *Jungschen* Richtung Kinderanalyse betrieben haben, ohne dass die breite Öffentlichkeit davon erfuhr. Diese Frage kann bezüglich des Werkes von Julie Aichele und durch die Erstellung dieser wissenschaftlichen Arbeit, jedenfalls hinsichtlich der *Jungschen* Richtung, eindeutig mit Ja beantwortet werden.

Welche theoretischen Grundlagen sie von der Analytischen Psychologie für ihre Arbeit ableitet und inwiefern sie diese auch tatsächlich in die Praxis umsetzt, wird in nachfolgenden Ausführungen wiedergegeben.

Zu Beginn des 20. Jahrhunderts sehen sich die Menschen in Hinblick auf die Behandlung psychischer Erkrankungen mangelhaften Erkenntnissen und wenigen wissenschaftlich begründeten Verfahren gegenüber. Dies wurde bereits im Exkurskapitel ausführlich dargestellt. Dass sich auch Julie Aichele innerhalb ihrer praktischen Arbeit weder auf ein theoretisch fundiertes Konzept noch auf eine empirische Grundlage stützen konnte, wird im Folgenden durch einen Dialog zwischen ihr und Wolfgang Stockmayer veranschaulicht:

> J. Aichele: „'Mache ichs richtig?'".
> W. Stockmayer: „'Das weiss ich nicht'".
> J. Aichele: „'Soll ich weiter machen?'".
> W. Stockmayer: „'Das weiss ich nicht, Sie befinden sich in völligem Neuland, aber ich beneide Sie glühend um diese Arbeit'" (Aichele 18, S. 5).

Rückblickend beschreibt Julie Aichele, dass sie in den vielen Jahren praktischer Arbeit „zu erproben gesucht [hat], ob diese glückhafte Schau der Wirklichkeit und den äusseren Gegebenheiten gegenüber sich bewähren würde" (Aichele 22, S. 3). Nach einer langen Zeit der Suche stellt sie fest:

> Ich kann heute mit allem Ernst und mit tiefer Überzeugung sagen: Hier i s t der Weg (Aichele 22, S. 3).

8.1 Menschenbild und theoretisches Erziehungsverständnis

Julie Aichele legt ihren Ausführungen und Deutungen psychischer Phänomene ein Menschenbild zugrunde, welches sich kongruent zu den theoretischen Annahmen der Analytischen Psychologie verhält. Dies bringt sie mit folgender Aussage zum Ausdruck: „Ich sehe in jedem Menschen eine Lebensoffenbarung, eine einzig einmalige Form aus der Gesamtsumme Leben" (Aichele 1, S. 5). Um dies verstehen zu können, ist es notwendig, sich erneut die Beschreibungen des Kollektiven Unbewussten sowie die Funktion seiner zentralen Kräfte und Muster, der Archetypen, vor Augen zu führen. Denn dies ist damit gemeint, wenn Julie Aichele von der „Gesamtsumme Leben" spricht. Die tiefste Schicht des

Unbewussten liegt jedem Menschen in allgemeiner und identischer Form vor. In seiner Konfrontation mit der Wirklichkeit und im Laufe seines Lebens befreit sich jener allmählich von diesen Mustern und schält sich heraus aus seiner allgemein menschlichen Hülle, was schließlich in seiner Individuation mündet. Hinter diesem Grundgedanken verbirgt sich auch die Annahme, dass der Mensch bereits bei der Geburt in seiner „Totalität" vorhanden ist (vgl. Aichele 1, S. 44). Auf der Basis dieser Annahme leitet Julie Aichele nun ihr theoretisches Erziehungsverständnis ab. Wie Jung geht sie von einer ständigen Bewegtheit der Elemente des psychischen Systems aus, welche dieser mit Hilfe der *Libidotheorie* erklärt. Die Lebensenergie, die hier unaufhörlich fließt, lagert sich je nach psychischer Beschaffenheit des Individuums und seiner bereits vorgebildeten Wesenheit zum Teil in bewussten, zum Teil in unbewussten Bereichen des menschlichen Seelenlebens ab. Um die Gesunderhaltung dieses psychischen Ablaufs zu gewährleisten, ist es von außerordentlicher Wichtigkeit, dass die Energie unter allen Umständen frei fließen kann und keiner Stauung unterliegt. Erfolgt eine Störung dieses Gleichgewichtssystems, wird der psychische Strom am Weiterfließen gehindert, die unbewussten Anteile werden überschwemmt, treten über die Bewusstseinsschwelle und äußern sich in Neurotischen Symptomen. Zur Verdeutlichung dieses Vorgangs stellt Julie Aichele die Analogie zu einer Naturmetapher her. Das Bewusstsein setzt sie mit einem real vorhandenen wasserführenden Fluss, dessen dazugehörigen Grundwasserstrom mit dem Unbewussten gleich. Diese Naturgegebenheiten werden von ihr zur Veranschaulichung genutzt, da auch sie physikalischen Gesetzen und somit der Energieerhaltung unterliegen:

> Wo es dem Menschen gelingt, jener Kraft in sich zu folgen, die das tiefste Bachbett reißt, hat der Grundwasserstrom jenes notwendige Gefälle, das seine Kraft dem Hauptstrom zuführt als Stärkung. Kommt der Hauptstrom in Stauungen, so staut sich vor allem auch das Grundwasser und versumpft das Land. Staut sich das Grundwasser und hat keinen Abfluß, so wird der Hauptstrom dünn und schwach (Aichele 1, S. 45).

Damit keine Stauung erfolgen kann, werden von Julie Aichele Gedanken konstruiert, die dieser Gefahr entgegenwirken. Sie setzt an diesem Punkt an und plädiert in der Erziehung des Kindes deshalb vor allem dafür, seinen Kräften freien Lauf zu lassen, um sich dem *eigenen* Wesen entsprechend entfalten zu können. Hierzu ist es notwendig, dass alle Funktionen gleichmäßig entwickelt werden und von Seiten der Erwachsenen kein Einlenken bezüglich der Gedankenwelt und der Tätigkeit des Kindes erfolgt, da es ansonsten an seiner „eigenen, ursprünglichen Betrachtung des Lebens" (Aichele 1, S. 5) gehindert wird. Dadurch, dass Julie Aichele das Dasein eines jeden Menschen „als ein schweres aber beglückendes Abenteuer" (Aichele 1, S. 5) ansieht, das nur durch die eben beschriebene gleichmäßige Entwicklung der Kräfte bewältigt werden kann, ist es notwendig, dass das Kind sich dieser im Laufe der Zeit bewusst wird, mit ihnen Leben und Welt erforscht und sie gebrauchen lernt, um seinen Standpunkt zu finden, von dem aus es auf seine Umgebung wirken will. Ihr Verständnis von Erziehung ist deshalb Folgendes: „Ich horche, warte, suche zu erfassen, wie die Lebenskräfte in jedem einzelnen Fall sich schürzen" (ebd.). Resultierend aus dieser Aussage ergibt sich für ihr Handeln: „Darum aber greife ich auch nicht willkürlich ein. Ich gehe nicht mit irgend einem Vorurteil heran, wie dieses besondere Stück Leben zu sein habe" (ebd.). Hieraus erfolgt ihre Definition von Erziehung als die „Entfaltung und Kultivierung der im Menschen selbst wohnenden Kräfte" (Aichele 2, S. 19).

Im Kontrast zu ihrer eigenen Betrachtungsweise sieht Julie Aichele deshalb in der herkömmlichen Erziehung mehr eine Gefahr als eine Unterstützung für das Kind, weshalb sie die bestehenden Erziehungsvorstellungen ihrer Zeit karikiert und in polemischer und ironischer Weise darstellt:

> Viele richten sich in ihren Ansprüchen an die Kinder ganz nach dem gesellschaftlichen Ideal, nach dem ein artiges Kind nur spricht, wenn es gefragt wird, ordentlich Händchen gibt und so weiter. Diese oder ähnliche Arten von Dressur meine ich nicht, wenn ich von Erziehung spreche (Aichele 1, S. 5).

Durch diese Aussage wird deutlich, dass sich Julie Aichele gegen konventionelle Ansichten richtet und eine Erziehung, welche den gesellschaftlichen Anforderungen des beginnenden 20. Jahrhunderts entspricht, entschieden ablehnt (vgl. Aichele 2, S. 19). Stattdessen geht sie von Folgendem aus:

> Die Hauptsache einer solchen Erziehung ist also der Mensch s e l b s t, nicht irgend ein Anspruch der Gesellschaft, das Ziel seine Zufriedenheit, sein Wohlbefinden, seine höchstmögliche Leistungsfähigkeit (Aichele 1, S. 6).

Julie Aichele ist sich jedoch durchaus darüber bewusst, dass ein Mensch ohne seinesgleichen nicht überlebensfähig ist. Ausführungen hinsichtlich dessen werden im Anschluss wiedergegeben.

Beziehung zum Mitmenschen – Bestehen im Kollektiv

Sich prospektiv auf den Individuationsprozess beziehend, stellt Julie Aichele fest, dass es neben der Entwicklung der im Menschen selbst wirkenden Kräfte auch immer darum gehen muss, eine geglückte Beziehung zu seinen Mitmenschen einzugehen, um innerhalb des Kollektivs bestehen zu können. Dass dies auch bezüglich des von ihr entwickelten Modells von Erziehung funktionieren kann und auf diese Weise „auch die Gesellschaft durchaus auf ihre Rechnung" (Aichele 1, S. 6) kommt, begründet sie damit, dass es „zur Zufriedenheit für uns alle gehört, daß uns die Einreihung" (ebd.) in die Gemeinschaft gelingt. Dies wiederum führt sie darauf zurück, dass der Mensch „zu gleichen Teilen Persönlichkeit u n d soziales Wesen" (ebd.) ist und die Einsamkeit nicht ertragen kann. Wird also innerhalb der Erziehung darauf geachtet, dass die Kräfte sich frei entfalten können, folgt hieraus auch eine Bereicherung für die Gesellschaft, da jeder einzelne Mensch nur diese als sein Wirkungsfeld hat (vgl. ebd.).

Eine Bedrohung besteht allerdings, wenn die individuelle Persönlichkeitsentwicklung von Seiten der Erzieher gänzlich vernachlässigt wird: „Wo die Gemeinschaft ihre Macht über den jungen Menschen dazu gebraucht ihn auf diesem Wege tatsächlich aufzuhalten, bringt sie ihn in große Gefahr" (Aichele 2, S. 6). Dies begründet sie damit, dass jeder Mensch in Lebenslagen hinein geraten kann, in welchen er auf sich selbst gestellt ist (vgl. ebd., S. 19). Können seine Kräfte sich bis dahin nicht gleichmäßig entfalten, weil die Erziehung nur auf die Gemeinschaft ausgerichtet wurde, bleiben diese „primitiv, vom Lust- und Unlustprinzip regiert" (ebd.). Hebt sich nun in der zweiten Hälfte des Lebens und aufgrund des fortgeschrittenen Alters die nähere Gemeinschaft eines Menschen durch den Auszug der Kinder oder durch den Tod des Ehepartners auf, „so steht der Betreffende hilflos da, weiß nichts mit sich anzufangen, verbittert und vergrämt, statt in abendlicher Klarheit in seinen eigenen Frieden hineinzureifen" (ebd., S. 19 f.).

Schlussfolgernd kommt sie deshalb zu dem Ergebnis, dass „zwischen dem reinen Gemeinschaftswesen und dem rücksichtslosen Egoisten ... die gefestigte Persönlichkeit als die reifste und fruchtbarste Äußerung menschlichen Lebens" ihren Platz haben muss. Diese steht ihr „als Ziel der Erziehung vor Augen" (ebd., S. 20).

Dass Julie Aichele ihr theoretisches Erziehungsverständnis vor dem Hintergrund ihres Menschenbildes und innerhalb ihrer pädagogisch-therapeutischen Interventionen auch tatsächlich in die Praxis umsetzt, wird im Folgenden deutlich.

8.2 Implementierung ihres theoretischen Erziehungsverständnisses

Die Einmaligkeit eines jeden Menschen stellt für sie den Maßstab ihrer täglichen Arbeit dar. Um das freie Fließen der Kräfte zu ermöglichen, findet ein willkürliches Eingreifen von Seiten Julie Aicheles tatsächlich nicht statt. Alle therapeutischen und pädagogischen Interventionen werden mit Hilfe ihrer „psychologischen Brille" strukturiert und in den Alltag transferiert.

Ihr praktisches Handeln wird beispielsweise von Peter Möhrle als große Freiheit innerhalb des Erziehungsalltags gedeutet. Er beschreibt, dass er sich im „Haus Aichele" nicht wie in einem Kinderheim gefühlt habe. Im Gegensatz zu anderen Heimen, in welchen er strenge Mittagsruhe einhalten musste und nicht einmal auf die Toilette durfte, herrschte im „Haus Aichele" eine völlig andere Atmosphäre (vgl. I1, Z. 37 ff.). Die Kinder genossen dort eine sehr große Freiheit und auch die Aktivitäten, Angebote und Veranstaltungen beruhten allesamt auf Freiwilligkeit (vgl. I1, Z. 144 f.). Die Erziehungsmaßnahmen, so Peter Möhrle, habe er gar nicht gemerkt (vgl. I1, Z. 152 ff.). Das „Haus Aichele" war zwar auch ein Heim, aber er hat sich dort sehr wohl gefühlt (vgl. I1, Z. 476 ff.). Die Freiheit und Unbekümmertheit stellten für ihn einen wohltuenden „Gleichklang" dar (vgl. I1, Z. 219 f.). Zusätzlich betont Peter Möhrle, dass ihm dort ein Gefühl von Erwachsensein vermittelt wurde (vgl. I1, Z. 442 ff.).

Die Beschreibungen von Peter Möhrle werden durch Äußerungen von Elisabeth Wießner in ihrem „Erinnerungsblatt" bestätigt. In diesem finden sich einige Passagen, welche ebenso auf den Freiheitsaspekt, den Peter Möhrle erwähnt, abzielen. So fragt beispielsweise ein kleines Mädchen: „'Gibt es denn in Beuren auch etwas, das man nicht tun darf?'" (Aichele a, S. 4). Ein anderes Mädchen begrüßt seinen Vater, der zu Besuch ist, mit folgenden Worten: „'Du Vater, hast du auch schon einmal Kirschen essen dürfen, so viel du wolltes [sic!]? Weisst du, das darf ich hier jeden Tag!'" (ebd., S. 5).

Als negativ empfunden wird dieser Aspekt von einer Mutter, die in dem Konzept von Julie Aichele eine Struktur- und Disziplinlosigkeit deutet. Der Garten des Hauses, welcher lange Zeit noch eine „ungepflegte Wildnis" darstellt, veranlasst diese zu nachstehendem Ausspruch: „'Gerade wie bei den Kindern hier, so ist es in Ihrem Garten; da wächst alles so frei un [sic!] unbekümmert daher, so ganz ohne bestimmte Ordnung'" (ebd.). Elisabeth Wießner kommentiert diese Aussage wie folgt: „Was aber an Überlegung und unsichtbarer Führung hinter allem Tun und Lassen von Julie Aichele stand, das hatte die gute Frau nicht begriffen" (ebd.). Und gerade durch dieses Erziehungsverständnis „hat sie auch immer wieder den Zugang ... zu den jungen Herzen, die allem andern Zuspruch verschlossen blieben" (ebd., S. 4) gefunden.

In nachfolgender Aussage kommt dies besonders deutlich zum Ausdruck: „Ich verhielt mich ganz tastend und abwartend, um zu sehen, welche Art der Betätigung ... sich [das Kind] ohne fremde Beeinflussung suchen würde" (Aichele 3, S. 9). Auch hier erfolgt von Seiten Julie Aicheles kein Einlenken bezüglich der Beschäftigung des Kindes, um das freie Fließen der Kräfte nicht zu gefährden.

Dies gilt in gleichem Maße für kreative Tätigkeiten. Kritische Bemerkungen werden hier unter keinen Umständen geduldet: „Ein Jedes sollte die Dinge so wiedergeben, wie es sie sah und empfand. Erschien dabei eine Wiese blau und der Himmel vielleicht grün, so wurde auch das gut geheissen" (Aichele a, S. 6).

Ebenso wird darauf geachtet, dass das Spiel des Kindes nicht gestört oder aufgrund der Lautstärke gar abgebrochen wird: „Wenn es beim Spielen laut zuging, so war das etwas Selbstverständliches" (ebd., S. 7). Elisabeth Wießner erinnert sich in diesem Zusammenhang an einen Jungen, der ihr sein abendliches Vergnügen schildert: „'Schade, dass Sie nicht dabei waren, es war wunderschön, wir haben s o o o o geschrieen'" (ebd.).

Auch hinsichtlich der täglichen Mahlzeiten ist Julie Aichele der Ansicht, dass diese in ausreichendem Maße gereicht werden sollten. Die Kinder müssen spüren, dass ihnen jedes Essen von ganzem Herzen gegönnt ist, nur dann können sie sich auch wirklich ihrem Wesen entsprechend entfalten (vgl. ebd., S. 5).

Ferner herrscht bezüglich ihres pädagogischen Vorgehens eine große Kluft zwischen den herkömmlichen Erziehungsmethoden und ihrer Herangehensweise. Elisabeth Wießner gibt an dieser Stelle die Äußerung eines Jungen wieder: „'Mein Vater schreit uns einfach tüchtig an, du aber fragst immer bloss: «Was hast du dir eigentlich dabei gedacht?»'" (ebd., S. 7).

Zusammenfassend kann hier festgehalten werden, dass ihr praktisches Handeln ihrem theoretischen Erziehungsverständnis und ihrem Menschenbild uneingeschränkt und gänzlich entspricht.

8.3 Bild vom Kind

Julie Aicheles Erziehungsverständnis spiegelt sich auch in ihrem Bild vom Kinde wider. Sie beschreibt, dass dieses für viele Menschen „etwas sehr Drolliges, Komisches, zum Lachen Reizendes" (Aichele 2, S. 7) hat. Dies trifft für sie fast nie oder nur ganz selten zu (vgl. ebd.). Vielmehr wird der junge Mensch bei ihr „als Ganzes so voll und so ernst genommen ... wie jeder Erwachsene, daß [ihr] nie auch nur nebenbei der Gedanke kommt: Es ist ja nur ein Kind" (ebd., S. 13). Dies rührt daher, dass Julie Aichele den Unterschied zwischen einem Kind und einem Erwachsenen nicht am jeweiligen Wesen festmacht, sondern an dem unterschiedlichen Grad der Bewusstheit (vgl. Aichele 1, S. 45). Aus diesem Grund benutzt Julie Aichele in ihren Schriften auch oftmals den Begriff des „kleinen Menschen" (vgl. Aichele 15, S. 93; Aichele 20, S. 4; Aichele 26, S. 1; Aichele 26, S. 6).

Eine Bestätigung, dass sie hinsichtlich ihres Erziehungsverständnisses den richtigen Weg geht, findet sie darin, dass sich selbst recht schwierige Kinder bei

ihr ohne Probleme „in Ordnung und Disziplin finden" (Aichele 2, S. 2), obwohl
sie dabei die „Zügel" ganz schleifen lässt (vgl. ebd.). Dass ihr dies so einfach
gelingt, führt Julie Aichele darauf zurück, dass sie „mehr Hochachtung als allgemein üblich ist vor dem Kinde als eigener Persönlichkeit" (ebd.) hat. Darüber
hinaus merkt sie an, jedes „Verzärteln" und „Verhätscheln" sowie jegliche Unterstützung egoistischer Ausdrucksformen zu vermeiden (vgl. ebd.). Der Vollständigkeit halber muss hier jedoch angemerkt werden, dass Julie Aichele in
sämtlichen Persönlichkeitsbeschreibungen als sehr streng und dominant beschrieben wurde. Die Frage, ob jener Aspekt nicht auch zu diesem Verhalten
beigetragen hat, muss jedoch offen bleiben.

Den jungen Menschen in seiner Gesamtpersönlichkeit wahr- und ernst zu
nehmen ist *das* zentrale Motiv ihrer Erziehungsarbeit, was im Folgenden durch
Beispiele belegt wird.

Julie Aichele beschreibt, dass sie stets sachlich und ruhig auf die vielfälti-
gen Einfälle der Kinder eingeht, wofür sie auch teilweise bei Erwachsenen auf
Verblüffung stößt (vgl. ebd., S. 7). Dies wird am Beispiel eines Jungen deutlich,
der seine Eltern besuchen und die Fahrt selbständig mit dem Zug bewältigen
möchte. Es steht ihm eine lange Reise bevor und Julie Aichele begleiten dahingehend große Sorgen. Dennoch nimmt sie den Jungen in seiner Bitte ernst, vermutet ein grundlegendes Bedürfnis, welches seinem psychischen Gesamtzustand
Linderung verschaffen könnte und handelt nach ihrem Grundsatz, niemals ein
Vorhaben abzulehnen, welches in irgendeiner Form verwirklicht werden könnte.
So lässt sie den Jungen allein in die große Welt hinausziehen (vgl. Aichele 1, S.
19).

Ein weiteres Beispiel wird von Eugenia Mahron eingebracht. Sie beschreibt
eine kurze Sequenz zwischen Julie Aichele und einem Jungen, welcher sich
weigert für seine Eltern etwas zu Weihnachten zu basteln. Als Begründung führt
er an, dass diese nur ein Geschenk von ihm haben möchten, welches Geld kostet.
Dem entgegnet sie, dass er doch auch schon für sie etwas gebastelt habe. Woraufhin der Junge antwortet: „Du hebst es auch auf" (I3, Z. 166 ff.). Auch hier
kommt die Wertschätzung, die Julie Aichele den Kindern entgegenbringt deutlich zum Ausdruck. Dieses Beispiel prägt und begleitet Eugenia Mahron ihr
gesamtes Leben.

Eine weitere Situation, die in diesen Kontext eingeordnet werden kann, beschreibt Julie Aichele selbst. Ein Kind, welches von seinen Eltern abgeholt wird,
hat die Befürchtung, seine Spielsachen nicht alle mitnehmen zu können. Während die Mutter darüber nur lacht und der Vater versucht das Kind zu begrüßen,
greift Julie Aichele regulierend in das Geschehen ein. Auch hier nimmt sie das
Kind in seinen Bedürfnissen und in seiner Welt ernst und beweist großes Einfüh-
lungsvermögen. Sie spricht mit dem Kind und sichert ihm zu, dass es all seine

Spielsachen mitnehmen kann. Über diese Situation reflektierend, erklärt Julie Aichele, dass es durchaus kränkend ist, „wenn einem Menschen eine Sache sehr wichtig ist und der andere steht dazu hin und lacht" (Aichele 2, S. 9). Diese Art Kränkung von seiner Umwelt nicht wahr- und ernstgenommen zu werden, ist für einen Menschen durchaus verletzend, ob dieser nun drei oder dreißig Jahre alt ist. In der Wirkung einem Kind gegenüber empfindet sie dies sogar als noch gravierender, da sein Ich noch nicht vollständig von der Umwelt abgelöst ist, und es dadurch „in seinem wesentlichsten Lebensvorgang verletzt" (ebd.) wird.

In besonderem Maße nimmt Julie Aichele diese Haltung auch gegenüber Säuglingen und Kleinkindern ein. Hinsichtlich ihres seelischen Gesamtzustandes wird sie hier von einem Gefühl geleitet, sich umso mehr zu Ruhe und Klarheit zusammenzufassen, je jünger das Kind ist (vgl. Aichele 26, S. 2 f.). Aufgrund dessen führt sie an ihrer Person immer eine kleine Sauberkeitsprüfung durch, bevor sie sich solch einem jungen Wesen nähert. In diesem Zusammenhang gefällt ihr besonders ein Gedanke der asiatischen Kultur, bei welchem ein Handtuch vor die Türe eines Babys gehängt wird und jeder der hineingeht, sich zuerst die Hände abzureiben hat. Die gesellschaftlichen Vorgaben bezüglich des Verhaltens gegenüber Säuglingen und Kleinkindern kritisiert Julie Aichele wie folgt: „Meistens ist das bei uns ja so: man nimmt sich vor den Erwachsenen zusammen, und lässt sich gehen vor dem Kinde, ganz besonders vor dem Kleinkinde" (ebd., S. 3). Dahingehend prangert sie an, dass die Menschen keine seelische Kultur gegenüber dem Kind entwickelt hätten und der Bewusstseinsgrad viel zu gering sei, um entsprechend auf dessen Bedürfnisse einzugehen. Denn ihrer Ansicht nach reiche das Übliche „herzig, drollig oder süss" (ebd.) der meisten Erwachsenen im Hinblick auf die Beschreibung des Kindes nicht aus. Sie hingegen ruft dazu auf, sich mit dem Wesen und im Besonderen mit der affektiven Ausdrucksweise des Kindes zu beschäftigen. Denn hierin sieht sie das Grundproblem eines mangelhaften kindlichen Seelenverständnisses verborgen (vgl. ebd.). Aufgrund dieser These lehnt sie auch die „Verhätschelung" und „Verzärtelung" von Kindern ab, da sie darin mehr eine psychische Schwäche des Erziehers sieht als ein Verstehen des Kindes (vgl. Aichele 3, S. 11 f.). Diese theoretischen Vorstellungen werden im Folgenden mit einem Beispiel belegt: Julie Aichele beschreibt, dass sie ein „10 Monate altes Mädelchen kennen" (Aichele 26, S. 3) lernt.[22] Schon seit langer Zeit sei sie nicht mehr bei solch einem kleinen Kind gewesen:

---

[22] Allein die Verwendung des Wortes „kennenlernen" deutet auf eine ernstzunehmende Haltung gegenüber dem Kind hin.

Und diese Stunde, in der ich still und mit versammelter Seele vor diesem Kinderwa-
gen sass und mich von diesem kleinen ernsten Menschen in aller Ruhe mustern liess,
hat mir mehr gegeben, als viele Stunden mit Erwachsenen. Da ist wirkliche Andacht
zu mir gekommen, und ich bin überzeugt, dass auch das Kind das gefühlt hat, dass
seine zarte, feine Seele vom Hauch der Ehrfurcht mitberührt wurde. - Genauso wäre
sie gestört worden in ihrem stillen Wachsen, hätte ich mich ihr mit Unruhe genaht
(Aichele 26, S. 3 f.).

Auch hier wird deutlich, dass Julie Aicheles theoretisches Verständnis gänzlich
in praktisches Handeln überführt wird.

8.4 Familie und Kindheit

Auf *Jungscher* Interpretation beruhend, sieht Julie Aichele das Kind bei seinem
Eintritt in die Welt als unbewusstes Wesen an. Es stellt nur *einen* Teil seiner
Familie dar und hat lediglich in Bezug auf diese als Gesamtgefüge Bedeutung.
Der junge Mensch „ist ganz in der Dumpfheit des Unbewußten befangen" und
hat „kein wahrnehmbares seelisch geistiges Erleben" (Aichele 2, S. 2). Hinsichtlich dieser Befangenheit im Unbewussten sowie einer Nichtunterscheidung mit
der Umwelt sammelt Julie Aichele Aussprüche von Kindern (vgl. Aichele 26, S.
2). Jedoch auch in der persönlichen Erfahrung findet sie ihre Vermutung bestätigt. Dahingehend beschreibt sie folgende Sequenz: Ein Baby will keine Nahrung
zu sich nehmen, weil es durch die Nervosität seines Kindermädchens beunruhigt
ist. Zu Besuch bei einer „grossen Gesellschaft" ist Julie Aichele schon etwas
früher zugegen und verbringt diese Zeit im Kinderzimmer. Die Pflegerin hält
dem Kind die Flasche mit der Aufforderung hin: „'Komm trink nur schnell, ich
pressier'" (ebd., S. 4). Diese Person geht Julie Aichele jedoch „so auf die Nerven" (ebd.), dass sie sie kurzerhand aus dem Kinderzimmer schickt. Sie nimmt
die Flasche, wartet einen kurzen Augenblick und gibt diese dann dem Säugling
in völliger Ruhe, so als hätte sie „den ganzen Tag gar nichts anderes mehr vor"
(ebd.). Julie Aichele beschreibt, dass das Kind von diesem Zeitpunkt an trinkt
und sich widerstandslos von ihr auf den Arm nehmen lässt. Diese Beobachtung
und das regulierende Eingreifen ihrerseits bestätigen ihr zunehmend die These,
dass die Umgebung des Kindes sein seelisches Empfinden in großem Maße mitbedingt. Es ist deshalb „sehr entscheidend für das Werdende, ob es im wirkli-
chen Eingebettetsein Wachstumsruhe findet oder ob die Atmosphäre, von Stürmen bewegt, Angst und Bedrohung in sich schliesst" (ebd.). Der seelischen Ver-
fassung der Eltern weist sie deshalb *die* zentrale Rolle zu. Denn ihrer Ansicht
nach liegt die Voraussetzung einer Entwicklung hin zu „einer starken, selbständigen, dem Leben gewachsenen Persönlichkeit" (Aichele 3, S. 11) in einem „ge-

eigneten Nährboden", welchen sie in der natürlichen Umgebung des Kindes und somit in seiner Familie sieht. Des Weiteren ist sie sich darüber bewusst, „daß durch die naturgegebene Eingeschlossenheit in die Familie ein wesentlicher Teil des Schicksals eines jungen Menschen bestimmt" (Aichele 2, S. 2) wird. Dahingehend folgert sie, dass innerhalb der Familie „gegebene Gebundenheiten [existieren], die als Form und Model [auf das Kind] wirken" (ebd., S. 3).

Deshalb werden im Folgenden die einzelnen Mitglieder der Familie sowie deren entsprechende Rolleninterpretation vorgestellt.

8.4.1 Vater und Mutter

Für Julie Aichele verkörpern die Eltern ein „Vater- und Muttermodell", welches zeitlebens auf das Kind wirkt und als Vorbild für die eigene Familiengründung fungiert. Schon früh erhält es deshalb „die Norm für den Vater und die Mutter schlechtweg" (Aichele 2, S. 4).

Wirkliche „Heimat" erlebt das Kind jedoch vor allem bei seiner Mutter (Aichele 27, S. 2). Sie stellt den sicheren Ort dar, „von dem die Ausfahrt ins Leben gewagt werden kann und de[n] Ankerplatz, an dem nach allen Stürmen geruht werden kann" (ebd.). Überdies ist sie „nicht nur ein Mensch, sie ist ebensosehr Boden und Landschaft und Enge und Festigkeit als Gegenpol zur Weite der Welt und dem unsicher Fließenden des Lebens" (ebd.). Ferner sieht Julie Aichele in der Funktion der Mutter auch eine gewisse Lebensanschauung gegeben, die nur von dieser auf das Kind übertragen werden kann und für das Weiterbestehen der Gesellschaft von größter Bedeutung ist. Des Weiteren geht sie davon aus, dass in einer gesunden Mutterbeziehung der Grundstein für die spätere Familiengründung gelegt wird, in der das eigene Kind wiederum zu einem kräftigen und starken Menschen heranwachsen kann. Auch die Ausbildung der Moral sieht sie hier an ihrem Platz.

Eine gelungene Vaterbeziehung stellt für sie die Basis einer sich unterordnenden und unterstellenden Beziehung zur Gemeinschaft dar (vgl. ebd.).

Hinsichtlich dieser Beschreibungen ist zu erkennen, dass sich Julie Aichele den grundlegenden archetypischen Bildern von Vater und Mutter bedient, welche im Laufe des Lebens durch persönliche Erlebnisse angereichert werden und dadurch ihre individuelle Färbung erhalten.

Darüber hinaus betont sie, dass es für die Entwicklung des Kindes von enormer Wichtigkeit ist, dass die Eltern als Einheit fungieren und Vater wie Mutter ihre eigene Rolle innerhalb des Familiengefüges finden. Ansonsten, so Julie Aichele, wird das Kind immer wieder zwischen zwei Fronten geraten „und als Machtzuwachs von jeder Seite als ausschließlicher Bundesgenosse umworben werden" (Aichele 2, S. 4). Dies kann die persönliche Entwicklung des Kindes hemmen und damit seinen ursprünglichen Weg – hin zur Individuation – erschweren oder gar unmöglich machen. Des Weiteren hält es Julie Aichele für wesentlich, dass die Eltern ihrerseits ein tragfähiges und stabiles Fundament bilden, auf welchem der junge Mensch Vertrauen zu sich selbst und zur Welt aufbauen kann. Familie stellt deshalb für sie den Ort dar, an welchem die Kräfte des Kindes zu ihrer freien Entfaltung gelangen können (vgl. Aichele 1, S. 5). Hierzu wird eine Atmosphäre benötigt, welche „außer Liebe, Wärme und Vertrauen, Raum und Ruhe" (Aichele 2, S. 20) schafft. Diese Grundlage hält Julie Aichele in Bezug auf eine gesunde Entwicklung des Kindes für unerlässlich. Deshalb sieht sie auch eine große Gefahr darin, wenn der junge Mensch mit seiner Umgebung in Widerspruch gerät, denn dieser ist sich seinen Kräften noch nicht bewusst, kann sie nicht adäquat steuern und hat die Ansprüche seiner Familie zu erfüllen. Dem Kind bleibt deshalb nichts anderes übrig als sich anzupassen, weniger weil es noch Hilfe benötigt, als vielmehr weil es geliebt werden will, „oder besser gesagt, geliebt werden m u ß" (Aichele 1, S. 6). Anhand dieser Aussage wird deutlich, welch immensen Stellenwert Julie Aichele der Umgebung des Kindes und somit seiner Familie beimisst.

8.4.2 Geschwister

Neben den Eltern weist sie auch den Geschwistern und im Besonderen deren Geburtenreihenfolge eine enorme Bedeutung zu. Auch hier geht sie davon aus, dass diese, ebenso wie das „Vater- und Muttermodell", auf das gesamte Familiengefüge wirken. Sie beschreibt beispielsweise, dass das jüngste Kind selten einer „Verhätschelung" entgeht und schwer etwas Neues findet, was die älteren Geschwister nicht schon besser können, während das älteste Kind häufig einer zu großen Belastung ausgesetzt ist, da es durch seine Verantwortung als „Leithammel" oftmals als Vorbild für die jüngeren Geschwister fungiert (vgl. Aichele 2, S. 3).

Im Bruder sieht Julie Aichele die Urform authentischer Kameradschaft, Solidarität und Kollegialität. Die Schwester hingegen bildet für sie die Urform einer helfenden Gemeinschaft sowie der sozialen Verpflichtung und Bindung (vgl. Aichele 27, S. 2).

Auch hier ist zu erkennen, dass sie sich – besonders aufgrund der Verwendung des Wortes „Urform" – archetypischen Bildern zur Beschreibung von Bruder und Schwester bedient.

8.5 Familie als Ort der Ablösung aus dem Kollektiven Unbewussten

Innerhalb seiner Familie lernt der junge Mensch überdies seinen eigenen Lebensraum von der anfangs gegebenen Kollektivität und dem Archetypischen abzugrenzen (vgl. Aichele 29, S. 1 f.). Denn wie bereits erwähnt, besteht in frühen Lebensjahren noch keine Unterscheidung zwischen der Persönlichkeit des Kindes und seiner Umgebung, in die es hineingeboren wird:

> Hier ist noch keine Wand zwischen innerer und äusserer Wirklichkeit. Die persönliche Zone ist noch nicht abgegrenzt, nicht umrissen gegen das Unpersönliche des kollektiven Grundes. Die klare Unterscheidung macht erst die Bildung einer eigenen Atmosphäre möglich, in der sich der Kern des Menschen festigen und ihn zu selbständiger Entwicklung kommen lassen kann (Aichele 25, S. 8).

Erst wenn diese Abgrenzung vollzogen ist, „kann auch eine sinnvolle Einreihung … mit gesunder Wechselwirkung zwischen Ich und Gemeinschaft" (Aichele 29, S. 2) gelingen. Mit dem Aufbau der *Persona* kann deshalb just ab diesem Moment begonnen werden.

8.6 Familie als Ort der Personabildung

Auch hinsichtlich der *Personabildung* weist Julie Aichele der Familie eine wesentliche Funktion zu und ernennt sie damit zur ersten Sozialisationsinstanz für das Kind. Den Anfang einer jeden Kultivierung sieht sie in der „Einreihung in die Gemeinschaft", weshalb die erste Aufgabe der Erziehung vor allem darin bestehen sollte, die Affekte des Kindes in eine gemäße Stellung zu bringen, so dass die Gesellschaft sich nicht an ihnen stört (vgl. Aichele 26, S. 9). Ist dies gelungen, kann in einem weiteren Schritt die Schule gemeistert werden. Wird das Kind auch dieser Anforderung gerecht, können alle folgenden gemeinschaftsbildenden Funktionen und Aufgaben bedenkenlos vollzogen werden (vgl. ebd., S. 10). Julie Aichele beschreibt die Vorzüge einer gelungenen *Persona* folgendermaßen:

> Wer in einem warmen Familienleben gelernt hat, sich einzureihen, d.h. so viel Raum, Licht, Wärme erhalten hat, als ihm sinngemäß zukommt und dabei gelernt hat, seine individualistischen Wünsche dem Wohl der Familiengemeinschaft unterzuordnen, so wie diese Gemeinschaft sich wieder dem großen Volksganzen unterstellt, der hat in Wahrheit eine Erziehung fürs Leben erhalten, die ihn zu einem vollen Lebensgefühl kommen läßt, zu einem Lebensgefühl, das ihn zu Tätigkeit und Wirkung im Maß seiner Kräfte führt (Aichele 29, S. 2).

Nachdem nun die grundlegende Funktion, die die Eltern in Bezug auf das Kind einnehmen, herausgestellt wurde, geht es im Folgenden um seine wichtigste Beschäftigung, das *Spiel*.

8.7 Spiel

Eine gelungene Form, um zur freien Entfaltung der Kräfte zu kommen, die Ablösung aus dem Kollektiven Unbewussten zu erreichen, das Ich zu stärken sowie Gemeinschaftsfähigkeit zu erlangen, sieht Julie Aichele im Spiel des Kindes gegeben. Sie weist diesem deshalb eine entwicklungspsychologische Funktion zu, in welcher die verschiedenen Reifungsstufen des Kindes erkannt und gedeutet werden können.

8.7.1 Befreiung aus dem Kollektiven Unbewussten

Julie Aichele sieht im phantasievollen und frei erfundenen Spiel eine natürliche Gegebenheit, sich vom Bereich des Kollektiven Unbewussten abzugrenzen. Das Kind geht hierbei spielerisch durch diese Zone hindurch und befreit sich gleichzeitig von den archetypischen Mustern und Kräften, die in ihm lagern. Diese Herauslösung führt zu einer Erweiterung des bewussten Bereiches und ebnet damit den Weg hin zu einer individuellen Persönlichkeit. In den Phantasiespielen von Räubern, Hexen und wilden Jagden, welche von Kindern mit einer besonderen Hingabe gespielt werden, wenn man sie sich selbst überlässt, kann diese Unterscheidung vollzogen werden (vgl. Aichele 25, S. 6 f.).

8.7.2 Stärkung des Ichs

Des Weiteren wird dem Kind im Spiel die Möglichkeit geboten, seine Kräfte dem eigenen Gesetz und Rhythmus entsprechend zu entwickeln. In den ersten Versuchen eines Säuglings nach einem Gegenstand zu greifen, sieht sie beginnende Ansätze einer gerichteten und spielerischen Tätigkeit. Hierbei können sich seine ersten geistigen Möglichkeiten entfalten und es lernt die eigene Umgebung stückweise zu „be-greifen". Lässt man ein Kind beispielsweise unbeeinflusst mit seinen Bauklötzen spielen, ist nach einer Zeit festzustellen, dass es sich geistig Schritt für Schritt weiter wagt in die Welt. Zuerst werden die Klötze lediglich aneinandergereiht und vom Kind als Zug erkannt oder einfach nur nebeneinander platziert. Mit der Zeit stellt es die Klötze übereinander und nennt sie einen Turm

oder eine Mauer. Erst nach ein paar Wochen wird ein Haus oder eine Garten-
mauer daraus. Diese Entwicklung deutet Julie Aichele dahingehend, dass das
Kind durch sein Spiel die drei Richtungen der Breite, der Höhe und der Tiefe
geistig erobert (vgl. Aichele 23, S. 1). Auch weist sie darauf hin, dass diese Prozesse nur dann erfolgen können, wenn dem jungen Menschen Zeit und Ruhe
gelassen wird, sich mit den Gegenständen seiner Umgebung zu befassen, um
damit sein Ich zu festigen.

Eine Gefahr sieht sie hingegen darin, wenn dem Kind kein Raum zum
freien Spiel zur Verfügung gestellt, oder ihm gar gezeigt wird, wie und was es
spielen soll. Dadurch strengt es sich zu wenig an und seine Kräfte können sich
nicht seinem Bedarf entsprechend entwickeln. Die Energie kann sich nicht
gleichmäßig verteilen und ein gesundes „sich zu helfen wissen" (ebd., S. 2)
bleibt aus. Vollzieht das Kind sein Spiel jedoch selbständig und aus eigenem
Bedürfnis heraus können die Kräfte frei fließen und wirken:

> Wir sehen am Spiel des kleinen Kindes deutlich, wie es alle seine Kräfte darin betä-
> tigt und entwickelt, wie es langsam Herrschaft gewinnt über seine Glieder und Be-
> wegungen, wie es geistig seine Welt erfasst und denken lernt, wie an seinen Puppen
> und Tieren seine Liebesfähigkeit sich erweitert (Aichele 23, S. 3).

Welche positiven Eigenschaften sie dem Spiel darüber hinaus noch zuweist, wird
im Folgenden wiedergegeben.

8.7.3 Vorbereitung auf die Gemeinschaft

> So sehr wir darauf achten, dass das Kind ungestört aus sich heraus und für sich spielt
> um des Spieles willen, so vertieft sich doch die Beziehung zwischen Eltern und
> Kind, wenn sie es verstehen, in richtiger Weise teil zu haben an dem persönlich
> wichtigsten Erlebnis des Kindes, nämlich an seinem Spiel (Aichele 23, S. 2).

Julie Aichele bezeichnet es als entscheidenden Schritt im Leben eines Kindes
und als erstes Sinnbild für Gemeinschaft, wenn es sich dem Erwachsenen in
seinem Spiel in *aktiver* Form zuwendet. Um dies zu verdeutlichen, beschreibt sie
eine kurze Episode innerhalb derer ein Kind zum ersten Mal einen zugeworfenen
Ball von sich aus zurückrollt (vgl. ebd., S. 2 f.). In diesem ersten gemeinsamen
Spiel sieht sie „ein Wagnis, eine wesentliche Erweiterung der eigenen Reichwei-
te, eine ganz neue Wechselwirkung mit den Menschen der Umgebung" (ebd., S.
3). In diesem Hin- und Herspielen des Balles, welches keinem praktischen Nutzen entspricht und welches dem Kind nicht einfach nur geschieht, wie beispielsweise gebadet, gewaschen oder gefüttert zu werden, „ist eine völlig neue Form

der Beziehung zum andern Menschen" (Aichele 23, S. 3) gegeben. Das Kind beschreitet hier einen neuen Weg, den Julie Aichele als „Hingebenden", zum bisher nur „Empfangenden" beschreibt. Aus dieser Vorstellung leitet sie den Grundsatz für Eltern ab, darauf zu achten, dass das Kind in seinem Spiel sich nicht von seinesgleichen isoliert, sondern diesbezüglich in seine Umwelt eingebunden wird.

Ihre These, dass das Gemeinschaftsspiel mit zunehmendem Alter eine immer größere Bedeutung einnimmt, festigt sie mit der Aussage, dass beispielsweise die Beschäftigung mit einem Reifen oder einem Kreisel erst dann wirklich schön wird, wenn die Spielkameraden das Gleiche tun. Julie Aichele regt die Erwachsenen deshalb dazu an, den Prozess des *gemeinsamen* Spielens so lange wie möglich zu schützen, da sie diesen für besonders wesentlich hält (vgl. ebd., S. 4). Richtig und tiefgehend zu spielen, betrachtet sie als Grundstein für das weitere Leben. Denn wer diese völlige Hingabe im Spiel und die daraus folgende Einordnung in die Gemeinschaft,

> die nicht unmittelbar [dem] persönlichen Nutzen dient, wirklich von Herzen erlebt hat, der hat bestimmt auch die Möglichkeit, sei`s als Schüler, sei`s als Erwachsenenr [sic!], seine Aufgabe nicht nur ganz zu erfüllen, sondern darin auch die Verwirklichung seines eigenen Wesens als Glück zu erleben und sich mit Freuden als tätiges Glied der Gemeinschaft zu fühlen (Aichele 23, S. 5).

Julie Aichele überträgt den positiven Gewinn des Gemeinschaftsspiels auf spätere Lebensabschnitte und spricht davon, dass der Mensch so arbeiten wird, wie er spielte, „nämlich mit ganzem Einsatz" (ebd.).

Zusätzlich gibt sie auch Empfehlungen für geeignete Spielzeuge, mit welchen die gesunde Entwicklung des jungen Menschen gefördert werden kann.

8.7.4 *Spielzeug*

Das Spielzeug des Kindes soll nach Ansicht Julie Aicheles möglichst „einfach" gestaltet sein. Für die erste Zeit schlägt sie Bauklötze und Ball vor, etwas später Tierchen und Puppe. Entwickelt es an Ersteren einfaches „sinnenhaftes" Denken und praktisches Handgeschick, kann es an Letzteren Phantasien und Gefühle erleben (vgl. Aichele 23, S. 2). Das Mädchen bereitet sich im Spiel mit den Puppen auf seine spätere Mutteraufgabe vor, der Junge in seinen Kampfspielen auf das „väterlich-männliche des Kämpfers" (ebd., S. 5). Durch das Malen und Kneten sowie im Spiel mit Puppe, Soldat und Blume kann das Kind „in sich versunken, eine Welt aus sich heraus gestalten in ungestörter Einkehr bei sich selbst" (ebd.).

Auch bezüglich der wichtigsten Beschäftigung des Kindes weist Julie Aichele den Eltern eine wesentliche Rolle zu.

8.7.5 Bedeutung der Eltern

Sie kreidet den Erwachsenen an, das Spielen verlernt und damit die Fähigkeit verloren zu haben, tief in das Kinderspiel hineinzugehen. Stattdessen wird dieses durch das Aufdrängen eigener Gedanken in eine gewisse Richtung gelenkt und verliert seine ursprüngliche Bedeutung. Sie führt deshalb den Eigensinn und Widerspruch vieler Kinder darauf zurück, dass ihnen zu wenig Zeit und Ruhe „zu dieser ersten selbständigen Welt- und Menschenerfahrung" (Aichele 23, S. 3) gegeben wurde. Der Hinweis vieler Erwachsener, doch etwas „Vernünftiges" zu spielen wird ignoriert und dem Geforderten gegenüber eine Trotzhaltung initiiert. Aufgrund dessen schlägt Julie Aichele die freudige Anteilnahme am Spiel des Kindes vor, da somit die wechselseitige Beziehung gestärkt und das freie Fließen der Kräfte gewährleistet werden kann (vgl. ebd., S. 4). Hierbei richtet sie sich besonders an die Mütter und fordert von ihnen, einen geschützten Raum zur Verfügung zu stellen, welchen das Kind zum gesunden Wachstum seiner Seele benötigt (vgl. ebd., S. 5).

8.8 „Psychotherapie auf der Treppe"

Im Anschluss erfolgt nun die Darstellung von Julie Aicheles therapeutisch-pädagogischem Handeln, welches sie mit Hilfe ihrer Methode der „Psychotherapie auf der Treppe"[23] praktisch ausführt. Hierbei flicht sie Elemente aus der *Jungschen* Psychologie in den pädagogischen Alltag mit Kindern ein. Im Gegensatz zu ihren Fachkollegen finden bei ihr deshalb therapeutische Sequenzen nicht ortsgebunden, sondern während des Essens, beim Zubettgehen oder auf der Treppe statt. Folglich müssen hier Beziehungen und Situationen nicht wie üblich künstlich hergestellt werden, sondern ergeben sich zufällig in der alltäglichen Begegnung. So bestätigt auch Julie Aichele, dass das Besondere ihrer Arbeit immer darin bestand, dass sie „mit all den Menschen, die Rat und Hilfe suchten, zusammen gelebt" (Aichele 32, S. 2) hat. Dies erfordert ihrer Ansicht nach zwar großen Einsatz, eröffnet aber auch die Chance, Menschen zu erfassen, „die einer direkten analytischen Arbeit nicht zugänglich sind" (ebd.). Dieses Vorgehen,

---

[23] Diese Wendung prägte ihre Freundin und leitende Ärztin des Hauses Jutta von Graevenitz (vgl. Oberborbeck 1999, S. 8).

welches sich nur im Spielen, Zusammenleben und Arbeiten ergeben kann, ist besonders bei der Behandlung von neurotischen Kindern von Bedeutung (vgl. Aichele 8, S. 4). Das therapeutische Setting, welches hier gleichzeitig den Lebensort der jungen Menschen darstellt, weitet sich auf ein spezifisches Milieu aus, in welchem Therapie und Pädagogik im Alltag miteinander verknüpft werden. Im Gegensatz zu Melanie Klein, Anna Freud oder Hermine Hug-Hellmuth, die in speziellen Sitzungen Kindertherapien durchgeführt haben, finden bei Julie Aichele keine speziellen Therapiestunden statt, jedenfalls nicht hauptsächlich. Vergleichbar mit ihrem Vorgehen sind beispielsweise Pfisters „Spaziergangsbehandlung"[24] oder das „Life Space Interview"[25] von Redl.

Julie Aicheles Behandlungsmethode besteht darin, den Alltag mit Kindern zusammenzuleben und Beobachtungen über deren Verhaltensweisen durchzuführen, die sie zu dem Ursprungsort der dahinter liegenden Störung führen. Das weitere diagnostische Verfahren beinhaltet die Bildung von Hypothesen, welche im Laufe der Behandlung verifiziert oder falsifiziert werden, um anschließend regulierend in die Welt des Kindes einzugreifen.

An dieser Stelle ist festzuhalten, dass Julie Aichele eine pädagogisch-therapeutische Methode entwickelt hat, die in einem bestimmten Setting, welches gleichzeitig die Lebenswelt der Kinder darstellt, Anwendung findet.

8.8.1 Therapeutisches Setting – Milieu

Das therapeutische Setting ihres Kinderheimes wird geprägt und strukturiert von Julie Aicheles psychoanalytischer Grundorientierung. Ihren Schwerpunkt legt sie deshalb auch hier auf das freie Fließen der Kräfte, womit sie von den milieuspezifischen Faktoren, die beispielsweise Redl[26] oder Bettelheim[27] ihrer pädagogisch-therapeutischen Arbeit zugrunde legen, bedeutend abweicht.

Ihrer Ansicht nach beinhaltet die Unterbringung in einem fremden Milieu „eine besondere psychische Leistung" (Aichele 3, S. 12), da dem Kind hierbei etwas zugetraut wird und es seine verlorenen und brachliegenden Kräfte wieder zu gebrauchen lernt.

---

[24] Vgl. Kapitel 5.4.1.1.
[25] Vgl. Redl, Fritz (1971): Erziehung schwieriger Kinder. Beiträge zu einer psychotherapeutisch-orientierten Pädagogik. München.
[26] Vgl. Fußnote 25.
[27] Vgl. Krumenacker, Franz-Josef (1998): Bruno Bettelheim. Grundposition seiner Theorie und Praxis. München & Basel.

Den größten Unterschied zwischen dem therapeutischen Setting ihres Kinderheimes und anderen Lebensorten sieht sie darin, dass gegenüber der Störung des Kindes eine grundsätzlich andere Einstellung besteht (vgl. Aichele 10, S. 237). Des Weiteren merkt sie an, dass das neue Milieu in seiner Struktur und seinen Inhalten – verglichen mit dem der Familie – sehr verschieden ist (vgl. Aichele 3, S. 2). Unter diesen neuen Lebensbedingungen ist das Kind vollständig auf sich selbst gestellt. Für Julie Aichele bedeutet dies demnach auch eine Kontrolle und Probe, ob der junge Mensch schon die innere Geschlossenheit und Festigkeit besitzt, sich der neuen Gemeinschaft anzupassen und sich ohne Angst der fremden Situation zu überlassen (vgl. ebd., S. 12). Darüber hinaus bietet diese Unterbringung dem Kind auch die Möglichkeit eines völligen Neuanfangs, da zwischen diesem und der neuen Umgebung noch kein „Reizzustand" besteht. Dadurch kann die in der alten Atmosphäre gebundene Kraft frei werden und an der Bewältigung der Schwierigkeiten mitwirken. Julie Aichele ist sich jedoch darüber bewusst, dass dies die einzige Veränderung ist, die dieser neue Ort mit sich bringt. Alle Probleme und Konflikte bestehen nach wie vor weiter (vgl. Aichele 1, S. 46).

Den Eltern wird die Möglichkeit geboten, sich von den Aufgaben der Erziehung zu erholen und in diesem Zeitraum nicht nur Vater oder Mutter, sondern auch einmal wieder nur ganz sie selbst zu sein. Dies, so Julie Aichele, ermöglicht ihnen, „mit neuer Spannkraft und Frische" (Aichele 3, S. 12) ihren Kindern zu begegnen „und die etwaig gemachten Erfahrungen ... bei dem selbständigen Ausflug in die Welt richtig zu verarbeiten" (ebd.).

Für sie kommt die Unterbringung des Kindes in einem neuen Milieu einem therapeutischen Mittel gleich, welches bezüglich verschiedener neurotischer Störungen unterschiedliche Auswirkungen hat.

8.8.2 Beispiele

Sie beschreibt den Fall eines sechsjährigen etwas hageren Mädchens, welches zwar körperlich und geistig völlig gesund ist, durch den Milieuwechsel jedoch eine erhebliche Gewichtszunahme erreichen kann. Den Grund dafür sieht sie in dem großen „Unternehmen, ohne die schützende Hand der Mutter sich aus dem warmen Nest der Familie allein in die fremde Welt zu wagen" (Aichele 3, S. 2). Dass ihr Ich ihrem Alter gemäß ausgebildet ist, erkennt sie daran, dass sich das Mädchen anpassen kann und die anderen Kinder sie gut in die Gemeinschaft aufnehmen (vgl. ebd., S. 3).

Das Gelingen dieser Kraftprobe erfüllte das ganze junge Lebewesen mit so viel Mut und Daseinsfreude, dass sich der ganze Organismus in gesundem Kraftgefühl seiner eigenen Zukunft entgegenstreckte, d.h. einen Anstoss zu frischem Wachsen und Gedeihen bekam (Aichele 3, S. 3).

So stellt Julie Aichele schlussfolgernd fest, „daß der zeitweilige Aufenthalt in einer fremden Umgebung einen sehr fördernden Einfluß und Ansporn zu neuer Entwicklung" (ebd., S. 4) geben kann.

Eine andere Funktion nimmt das Milieu ein, wenn Kinder von ihren Eltern in ihrem ureigensten Wesen abgelehnt werden. Als Beispiel nennt sie hier einen Jungen, der durch das Verhalten seiner Eltern dazu gezwungen wird, „weit über sein natürliches Maß hinaus das „'liebe Kind' zu spielen" (ebd.). Als älterer Bruder muss er sich den Wünschen und Bedürfnissen seiner resoluten Schwester beugen und dem Vater als wohlerzogener und gehorsamer Sohn Freude bereiten. „Er war immer irgend etwas, nur nie ganz einfach und voraussetzungslos er selbst" (ebd.). Dadurch konnte sein Ich nicht seiner Persönlichkeit entsprechend heranreifen und die in ihm liegenden Ressourcen nicht zu ihrer vollen Entfaltung gelangen. Seine eigene Meinung vertrat er nie, stattdessen sagte er nur das, was die anderen von ihm erwarteten. Die Rolle, die das Kind um seiner Eltern willen angenommen hatte, fand sich außerhalb dieser Umgebung als völlig unentwickeltes, schwaches, hilfloses Ich, weshalb er sich in das neue Milieu nur mit großer Angst und Unsicherheit wagte (vgl. ebd., S. 4 f.). Dahingehend merkt Julie Aichele an, dass es unter allen Umständen nötig gewesen ist, diesen Jungen für eine gewisse Zeit von seinen Eltern zu trennen. Kinder, die dem elterlichen Wunschbild[28] unterliegen, müssen aus dieser beklemmenden Atmosphäre herausgenommen und in ein psychologisches Milieu versetzt werden, um ihr Ich zu entwickeln und sich von ihren Eltern zu unterscheiden (vgl. Aichele 27, S. 3).

Auch psychosomatischen Erkrankungen kann mit Hilfe einer Fremdunterbringung begegnet werden. So beschreibt Julie Aichele die Lage eines an Asthma erkrankten Jungen. Die Ursache hierfür sieht sie in seinem labilen und unsicheren Seelenleben begründet, welches durch Angst gekennzeichnet ist und ihm die Luft zum Atmen abschnürt (vgl. Aichele 3, S. 6 f.). Der Junge zeigt sich als ziemlicher „Lausbub" und Julie Aichele vermutet, dass er zuhause diese Seite seiner Persönlichkeit nicht leben kann. In der neuen Umgebung hingegen ist er zu vielen „Schandtaten" bereit und das Symptom des Mangels an Luft bleibt mit der Zeit aus. Sie kommt hier zu dem Schluss, dass bereits ein „zeitweise[s] Ausruhen von einem Symptom" (Aichele 3, S. 8) erleichternd für das Kind sein kann und den besten Weg darstellt, die Krankheit zu überwinden.

---

[28] Vgl. hierzu auch Kapitel 8.11.

Einem weiteren Kind, welches mit Verdauungsstörungen in die Einrichtung kommt, kann ebenso geholfen werden. Julie Aichele sieht die Ursache dieser Störung darin, dass das Kind als Einzelkind aufgewachsen ist, von seiner Familie mit Liebe überschüttet wurde und sich dadurch „den Magen gründlich verdorben" (Aichele 3, S. 8) hat. Sie stellt fest, dass ein solcher Zustand für ein Kind dauernde Angst und Überforderung bedeutet und somit eine Gefährdung für die körperliche und geistige Entwicklung darstellt (vgl. ebd., S. 8 f.). In diesem Fall bietet das Milieu vor allem Entspannung und Befreiung. Zudem merkt sie an, dass es immer schwierig ist, Einzelkind zu sein und dabei ein „kernhafter Mensch zu werden" (ebd., S. 9).

Bei einem elfjährigen Jungen führt sie seine allmähliche Genesung auf die in der neuen Umgebung vorherrschende völlige „Voraussetzungslosigkeit" zurück. Zu Beginn mag ihm die Anpassung nicht so recht gelingen, so dass die anderen Kinder sich über ihn lustig machen und er „in die Rolle des dummen August hineingedrängt" (ebd.) wird. Nach einer gewissen Zeit fängt dieser jedoch an, wie ein kleines Kind zu spielen. Dies begründet sie damit, dass ihm das neue Umfeld den Raum bietet, ein weiteres Mal die Kleinkindphase zu durchleben. Und in diesem neuen Milieu stört sich niemand daran, dass ein elfjähriger Junge, wie ein Drei- oder Vierjähriger spielt, so Julie Aichele. Im Übrigen wird das Kind von außen nicht in eine bestimmte Richtung gedrängt, vielmehr wird ihm „die nötige Ungestörtheit [gegeben], um dem Rhythmus seiner Natur zu folgen" (ebd., S. 9 f.).

Stetigen Einfluss üben die Kinder auch gegenseitig auf ihren psychischen Gesamtzustand aus. Julie Aichele erkennt dies und nutzt es als therapeutisches Mittel.

„Kameraden"

Im Besonderen weist sie auch auf gruppendynamische Prozesse innerhalb ihres Kinderheimes hin. Hierbei spielt vor allem die wechselseitige Wirkung der Kinder aufeinander eine zentrale Rolle. Denn diese nehmen keine Rücksicht auf die jeweiligen Schwächen des anderen, wodurch „Unausgeglichenheiten wie Selbstüberhebungen oder Selbstunterschätzungen viel schärfer und deutlicher zum Ausdruck [kommen] als den Erwachsenen gegenüber" (Aichele 3, S. 3). Des Weiteren betont Julie Aichele die außerordentliche Wichtigkeit von Freundschaften unter Gleichaltrigen, da diese auf das spätere Leben weitreichenden Einfluss nehmen (vgl. ebd.).

Hinsichtlich der Funktion des Milieus stellt sie zusammenfassend fest: „In dem Bewältigen der jeweiligen Situation liegt das Geheimnis der Bewältigung des Lebens überhaupt" (Aichele 3, S. 12).

Nachdem nun das Milieu als Grundlage für Julie Aicheles pädagogisch-therapeutisches Handeln dargestellt und erläutert wurde, wird sich nun den neurotischen Erkrankungen gewidmet, welchen die Kinder in ihrem Heim unterliegen.

8.9 Neurotische Erkrankungen

In Anlehnung an Jung interpretiert Julie Aichele psychische Störungen mit Hilfe der Komplextheorie, welche unter Punkt 7.7.1.3 bereits dargestellt wurde. Hierbei geht sie davon aus, dass im psychischen System Komplexe gebildet werden, die bei zu starker *Libidobesetzung* die Bewusstseinsschwelle übertreten und als Neurotische Symptome an die Oberfläche steigen.

Da Kinder täglich neuen Anforderungen des Lebens genügen müssen und eine Konfrontation des vorgebildeten archetypischen Musters oder Bildes mit der Wirklichkeit erfolgt, kann diese Anpassung je nach Typus und psychischer Beschaffenheit gelingen oder auch nicht. In schwierigen Fällen der Anpassung schwillt die Masse des Komplexes so sehr an, dass dieser in den bewussten Bereich gelangen und sich in Erziehungsschwierigkeiten oder psychosomatischen Erkrankungen äußern kann. Gemäß der *Jungschen* Psychologie sieht Julie Aichele eine Neurose als einen „Korrekturversuch" an, welcher mit einem „Alarmsignal" des Körpers oder der Psyche einhergeht und den Menschen auf eine Störung in seinem psychischen Gesamtsystem aufmerksam macht. Denn eine „Änderung kommt immer nur aus einer Not" heraus und die Neurose verkörpert „die Not, die es wenden soll" (Aichele 26, S. 8). Bei Kindern, so Julie Aichele, reiche es aus,

> daß ihr persönliches Problem von einem wissenden Menschen aufgenommen wird und daß sie auf Grund dieses Wissens durch die Krisis hindurchgeführt werden und ihnen geholfen wird, dasjenige Stück ihrer lebendigen Kraft, das nicht mit in die Strömung herein kam, durch irgendwelches innere oder äußere Geschehen, aufzufinden und nun mitzunehmen (Aichele 15, S. 93).

Dieser Behandlungsprozess erzeugt jedoch große Angst, weswegen nur ein psychologisch gut ausgebildeter Mensch die Rolle übernehmen und das Kind auf diesem Weg begleiten kann (vgl. Aichele 1, S. 41). Des Weiteren merkt Julie Aichele an, dass die Hilfe nicht darin bestehen darf, dem jungen Menschen sämtliche Anpassungsleistungen abzunehmen, da dies eine gegenteilige Wirkung zur

Folge hätte und er dadurch erst recht krank werden würde (vgl. Aichele 15, S. 90). Stattdessen sieht sie den eigentlichen Sinn der Behandlungszeit darin,

> mit dem Bedrohten den Weg zu suchen, auf dem ihm die Erfüllung der Anforderung des Lebens möglich wird. Nicht etwa, wie so oft fälschlicherweise angenommen wird, ihn zu hätscheln und in schwächlicher Weise auf sich selbst zu lenken (Aichele 9, S. 315).

Das Hauptproblem führt Julie Aichele jedoch nicht auf die Neurose selbst zurück, sondern darauf, dass sich das Kind infolgedessen von seiner Umwelt isoliert und abspaltet, was mit einer unerträglichen Vereinsamung und einem Ungleichgewicht mit der Welt einhergeht. Nicht die fehlende Anpassungsleistung an seine Umgebung spielt hier die entscheidende Rolle, sondern die ungenügende Artikulationsfähigkeit, die auf Seiten des Kindes vorliegt:

> Denn nicht die Fragen, die das Kind beschäftigen, bringen es in Konflikte. Dadurch, daß es unter Umständen sich nicht äußern, sich mit seiner Umgebung nicht verständigen kann, kommt es in die Isolierung hinein (Aichele 1, S. 34 f.).

Die Herangehensweise, um das Kind aus dieser Vereinsamung zu lösen, muss deshalb in erster Linie darin bestehen, es zu verstehen und seine kindlichen Zeichen zu deuten. Denn nur dann sieht Julie Aichele eine Chance, dem Kind sein verlorenes Selbstvertrauen zurückzugeben und damit ein natürliches Gleichgewicht zu seiner Umwelt wiederherzustellen (vgl. Aichele 8, S. 2).

Hinsichtlich dieses Prozesses weist sie der Neutralität des Therapeuten eine bedeutende Funktion zu. Denn dieser kann im Gegensatz zu den Eltern „sachlich und unbefangen" dem Kind gegenübertreten und damit den Heilungsprozess seines psychischen Leidens fördern (vgl. Aichele 1, S. 39 f.).

Für das Entstehen Neurotischer Symptome sieht sie verschiedene Gründe, merkt jedoch an, dass es ein Trugschluss wäre, demselben Symptom dieselbe Ursache zugrunde zu legen (vgl. Aichele 8, S. 4). Demzufolge hält sie es für wichtig, eine differenziertere Betrachtungsweise einzunehmen und den Blick auf den „ganzen Menschen [zu] richten" (Aichele 27, S. 4), anstatt bloß Symptome zu behandeln.

Ihre praktische Vorgehensweise deckt sich größtenteils mit den Angaben, die innerhalb der *Jungschen* Psychotherapie manifestiert werden. Diese kann nur ganz individuell gestaltet und auf jedes Kind im Einzelfall ausgerichtet sein (vgl. Aichele 1, S. 32).

8.10 Praktisches Vorgehen

Nachdem nun die theoretischen Grundlagen skizziert wurden, erfolgt im Anschluss die alltagsnahe Darstellung von Julie Aicheles pädagogisch-therapeutischer Arbeit.

> Exempla docent – das Beispiel ist der beste Lehrmeister! (Jung 1972, S. 51).

Im Vorwort zu Frances G. Wickes „Analyse der Kinderseele" (1931) gibt C. G. Jung diese Worte zur Beschreibung ihrer praktischen Arbeit wieder. Ebenso wie Julie Aichele folgt auch sie einer induktiven Vorgehensweise, indem sie anhand von praktischen Beispielen Fälle und die damit einhergehenden Behandlungsmethoden darstellt und hieraus theoretische Schlüsse zieht.

In diesem Sinne wird nun mittels konkreter kasuistischer Beispiele Julie Aicheles pädagogisch-therapeutisches Handeln beschrieben und erläutert. Zu Beginn werden die neurotischen Störungen, welche im Persönlichen Unbewussten lagern, dargestellt. Nach Ansicht Julie Aicheles ist es möglich diese zeitnah zu beheben, was sich auch in ihren Falldarstellungen widerspiegelt. Anschließend werden die Erkrankungen, die aus der Kollektiven Zone herrühren, aufgeführt. Diese erkennt sie zum einen daran, dass die üblichen Behandlungsmethoden nicht greifen, zum anderen an deren Langwierigkeit. Hieraus folgert sie, dass das Ich des Kindes im Kollektiven Unbewussten gefangen ist und eine Identifikation mit den Archetypen bereits stattgefunden hat (vgl. Aichele 12, S. 1).

Julie Aichele bedient sich diesbezüglich zweier Verfahrensweisen, die sie der *Jungschen* Psychotherapie entlehnt.

8.10.1 Anamnestische Analyse

Zur Behandlung von Kindern mit Neurotischen Symptomen wendet Julie Aichele überwiegend das Verfahren der Anamnestischen Analyse an, welches unter Punkt 7.7.1.1 bereits vorgestellt wurde.

Die dazu von ihr aufgeführten Beispiele sind sehr zahlreich. Sie reiht diese aneinander, ohne dass zwischen ihnen Zusammenhänge oder Parallelen festzustellen wären. Am Ende ihrer Beschreibungen zieht sie Schlussfolgerungen, die sie vereinzelt in Form von kurzen Merksätzen anhängt. Stellvertretend für diese zahlreichen Beispiele werden im Folgenden exemplarisch die Fälle der beiden Kinder Walter und Gustav aufgeführt. In Bezug auf ihre Behandlungsmethode geht sie folgendermaßen vor: Sie beginnt mit einer oberflächlichen Wahrnehmungsbeschreibung der Kinder und einer Anamnese der vorliegenden Störung.

Anschließend findet eine Beobachtungsphase statt. Diese hat den Sinn durch das Verhalten der Kinder Rückschlüsse auf den Entstehungsort der Neurose zu ziehen sowie regulierend in deren Verhalten einzugreifen. Gespräche mit den Eltern sucht Julie Aichele, um ihre Hypothese zur Krankheitsentstehung zu verifizieren oder zu falsifizieren. Infolgedessen zieht sie Schlüsse für eine Erziehung, die solch ein Leiden verhindert hätten.

In nachstehendem Abschnitt werden zwei verschiedene Neurotische Symptome vorgestellt, welchen sich Julie Aichele auf unterschiedliche Weise annähert.

8.10.1.1 Wahrnehmungsbeschreibung

Der sechsjährige Walter wird von seiner Mutter zu Julie Aichele gebracht, da er von seinen Geschwistern schlecht behandelt wird. Zudem ist er in seiner Entwicklung zurückgeblieben und kann alltägliche Dinge, wie beispielsweise sich die Nase selbst zu putzen nicht ausführen. Fraglich ist außerdem, ob er in der Schule „mitkommen würde". Julie Aichele ergänzt diese Informationen durch eigene Wahrnehmungen. Sie beschreibt Walter als ein „körperlich sehr zartes, geistig sehr unentwickeltes Kind" (Aichele 1, S. 8). Sein Erscheinungsbild empfindet sie als „unangenehm und unliebenswürdig". Das Kind erscheint ihr „zunächst einfach in jeder Richtung von geringer Begabung: körperlich schwach, dumm, unsozial, freudlos" (ebd.). Sie nennt ihn eine „arme verkümmerte Pflanze" (ebd.).

Im Gegensatz zu der eben beschriebenen, sehr ausführlichen Wahrnehmungsbeschreibung von Walter fällt die des siebenjährigen Gustav eher dürftig aus. Julie Aichele berichtet von seinem auflehnenden Verhalten gegenüber Autoritäten und macht darüber hinaus auch auf seine extreme Ausdrucksweise und sein Fluchen aufmerksam (vgl. Aichele 1, S. 14). Sie beschreibt ihn als „herziges, offenes Bürschlein mit sehr klugen Augen, das aber wegen jeder Kleinigkeit die Fassung [verliert] und geradezu außer sich [kommt]" (ebd.). Des Weiteren stellt sie fest, dass die Eltern, die sie gut kennt, Menschen sehr ruhiger Natur sind (vgl. ebd.).

8.10.1.2 Beobachtungsphase

Es erfolgt nun die Akklimatisierung der Kinder an ihrem neuen Lebensort und damit verbunden stetige Beobachtungsphasen von Seiten Julie Aicheles bezüglich des Alltagsgeschehens:

Es galt also nun herauszubringen, wie die Fragen und Phantasien aussahen in dem kleinen Kopf. Da gibt es nichts als das geduldige, liebevolle Warten des Gärtners, der eine seltene Pflanze pflegt und auf deren Blüte hofft (Aichele 1, S. 10).

Bei Walter eröffnen sich ihr im Alltag verschiedene Sequenzen, die zu einer Diagnose und einer geeigneten Behandlungsmethode führen. Einerseits fällt ihr auf, dass sein Verhalten zwar dem eines zweijährigen Kindes entspricht, andererseits aber – und hierzu im Gegensatz stehend – sein Anspruch auf Vormacht über das normale Maß bei einem Kind hinausgeht. Dahingehend versagt Walter den anderen Kindern das Benutzen seiner Spielsachen und gibt ihnen Befehle und Anweisungen. Im Spiel drängt er immer wieder darauf, König oder Pfarrer zu sein: „Drei Tage hatte er eine Krone auf" (ebd.).

Bei Gustav beobachtet Julie Aichele, dass sich durch den Heimaufenthalt sein Fluchen verstärkt und immer anmaßender wird. Sie vermutet, dass er sich profilieren und ihr zeigen will, „was für ein fabelhafter Kerl " (ebd., S. 14 f.) er ist. Zudem erfährt sie von seiner Phantasie „Zugführer auf der schnellsten Eisenbahn zu werden" (vgl. ebd., S. 14), was ihre therapeutische Deutung maßgeblich beeinflusst. Ob diese Phantasie sich im Alltag äußert oder ob sie durch therapeutische Interventionen herbeigeführt wird, bleibt unbekannt.

8.10.1.3 Regulierendes Eingreifen

Durch die Verweigerung größer und selbständiger zu werden auf der einen und dem Anspruch der Vormacht auf der anderen Seite, diagnostiziert Julie Aichele bei Walter eine Flucht in die Phantasie. Dies kann dahingehend interpretiert werden, dass eine zu starke und negative Komplexbildung in der Kindheit stattgefunden hat. Hierbei ist die Flucht in die Phantasie das Symptom und somit die Ersatzhandlung für unbearbeitete Prozesse seines Unbewussten. Julie Aichele stellt deshalb der Phantasie die Realität gegenüber und konfrontiert Walter regelrecht damit, um ihm deren Vorzüge aufzuzeigen. Ihr weiteres Vorgehen besteht darin, jeden Versuch von Walter in der Phantasie zu leben zu unterbinden. Sie hält ihn in jeglichen Situationen dazu an, sich seinem Alter entsprechend wie ein sechsjähriges Kind zu benehmen. Dies schlägt sich beispielsweise darin nieder, dass er morgens selbständig aufstehen und sich anziehen darf, ohne warten zu müssen, bis sich jemand Zeit für ihn nimmt. Durch diese Maßnahme hofft Julie Aichele, dass sich Walter der Qualitäten seines Alters bewusst wird und dadurch sein kleinkindhaftes Verhalten aufgibt. Schon nach wenigen Tagen bringt ihr Vorgehen den gewünschten Erfolg. Walter kann sich sowohl seine Schuhe binden als auch selbständig seine Kleidung anziehen. Hinsichtlich dieser neuen Verhaltensweisen sieht sie sich in ihrem Vorgehen bestätigt (vgl. Aichele 1, S.

10). Zur Stärkung und um den Status Quo zu halten, macht Julie Aichele Walter im Alltag immer wieder darauf aufmerksam, dass er kein zweijähriges Kind mehr ist. Sie lässt ihn stehen, wenn er weint und macht im Gegenzug mit ihm Späße, wenn er sich seinem Alter entsprechend verhält. Ihr Vorgehen beschreibt sie selbst folgendermaßen:

> Er konnte also keinerlei Befassung, weder angenehme, noch unangenehme von mir erzwingen, wenn er sich nicht seinen sechs Jahren entsprechend benahm. Hier stieß er auf eine Mauer, also blieb ihm nichts anderes übrig, als sich anzupassen (Aichele 1, S. 10).

Hinsichtlich seines Anspruches auf Vormacht beschreibt Julie Aichele nachstehende therapeutische Sequenz: Walter streitet sich heftig mit einem anderen Kind und will diesem das Spielzeug aus der Hand reißen. Sie fragt ihn daraufhin, warum das Kind ihm denn das Spielzeug geben soll. Walter wird rot im Gesicht und spricht die Phantasie, welche sie in seinem Unbewussten vermutet, aus: „'Weil ich der Herr bin!'" (ebd.). Dies, zusammen mit den erwähnten Rollen des „Pfarrers" und des „Königs" lassen vermuten, dass Julie Aichele Walters Verhalten archetypische Muster zugrunde legt. Dadurch, dass nun der Bann gebrochen ist und dieser sein Motiv offen ausspricht, gelangen seine unbewussten Gedanken und Vorstellungen ins Bewusstsein und seine Phantasien werden aufgehoben:

> So bald eine solche Phantasie herausgestellt wird in das helle Licht des Tages und der Kritik der Wirklichkeit ausgesetzt ist, läßt sie sich nicht mehr halten und löst sich in nichts auf (Aichele 1, S. 10 f.).

Bei Gustav geht Julie Aichele einen anderen Weg. Sie versucht zu ergründen, warum er immerzu fluchen muss. Den einzigen Anhaltspunkt, den sie dafür hat, ist seine Phantasie „Zugführer auf der schnellsten Eisenbahn zu werden" (ebd., S. 14). Da hier weiter nichts vorliegt, womit sie arbeiten kann, beschließt sie Gustav einfach fluchen zu lassen (vgl. ebd.). Für ihn ist diese Situation sehr ungewöhnlich, da er jetzt keine Reaktion seines Gegenübers mehr herausfordern kann. Sich in die Gefühlswelt von Gustav hineinversetzend und rückblickend auf ihr Vorgehen hält sie fest:

> Aber diese Tante schalt nicht, wunderte sich nicht, sie ärgerte sich nicht, nicht der geringste Eindruck war zu erzielen, als wäre so ein ellenlanger Fluch die selbstverständlichste Sache von der Welt. Da verlor das Fluchen jeden Sinn und Reiz und erledigte sich von selbst (Aichele 1, S. 15).

Durch das disziplinierte Festhalten an ihrer Rolle findet Gustavs Fluchen schließlich ein Ende. Anhand dieses Beispiels wird deutlich, dass sobald ein Verhalten keine Reaktion durch die Außenwelt erfährt, es seinen Reiz verliert. Geheilt von seinem Fluchen bedankt sich Gustavs Mutter für diese „große Wohltat", woraufhin Julie Aichele nur lachen kann, da sie nichts anderes getan hat, als ihn einfach nur fluchen zu lassen (vgl. Aichele 1, S. 14).

8.10.1.4 „Quellgebiet" der Neurose

Der Ausspruch von Walter: „'Ich bin allein auf der Welt mit meiner Mutter'" (Aichele 1, S. 11) führt Julie Aichele zu der Annahme, dass in seinem Fall eine gestörte Mutter-Kind-Beziehung vorliegt, die ihren Anfang bereits in früher Kindheit nimmt. Auf diese Aussage reagierend, macht sie Walter darauf aufmerksam, dass er mit seiner Mutter zwar gerne allein auf der Welt wäre, dies aber nicht ist und sein Ausspruch nicht der Realität entspricht. Nach und nach lässt er sich davon überzeugen, dass sowohl seine Geschwister, als auch sein Vater eine Beziehung zur Mutter hegen. Julie Aichele vermutet hinter seiner neurotischen Erkrankung den Wunsch in derselben Art und Weise, wie nun seine dreijährige Schwester, Liebe und Zuneigung von seiner Mutter zu erhalten. Dahingehend führt sie Walter vor Augen, dass auch er einmal das kleinste Kind seiner Mutter gewesen ist, und diese ihn ebenso umsorgt hat, wie jetzt seine kleine Schwester. Außerdem erklärt sie ihm, dass die Mutterliebe nicht vom Alter oder von der Anzahl der Kinder abhängig ist, sondern stets allen gleich zukommt (vgl. ebd.).

Um ihre These zu verifizieren, führt Julie Aichele ein Gespräch mit der Mutter. Diese erzählt, dass Walter mit zwei Jahren begonnen hat, ständig zu weinen und von seinen Geschwistern deshalb gequält und geärgert wurde (vgl. ebd., S. 12). Bezüglich der familiären Umstände zur Zeit seiner Geburt, kann Julie Aichele sogleich auf die Ursachen seines Verhaltens schließen. Die Mutter berichtet ihr, dass er als viertes von sieben Kindern geboren wurde. Der Vater befand sich währenddessen im Krieg und sie selbst war „also gewiß nicht auf der Höhe ihrer psychischen Kraft" (ebd.). Hinzu kommt die Geburt eines weiteren Kindes zwei Jahre später. Julie Aichele fühlt sich in die Situation von Walter ein und beschreibt seine Lage wie folgt:

> Wie sollte sich nun der kleine Kerl sein berechtigtes Maß an Befassung erzwingen? Zu den großen Geschwistern gehörte er noch nicht und die Mutter hatte auf einmal noch ein Kind. Wo kam das her? Wieso gab sich die Mutter mit dem andern Kind ab statt mit ihm? So und ähnlich wogte es ahnend durch die kleine Seele, die noch keine Worte hatte, um auch nur eine Frage zu stammeln (Aichele 1, S. 12 f.).

Diese Aussage verdeutlicht, welches Gewicht sie dem Aspekt des Einfühlungs-vermögens in kindliche Situationen im Zuge ihres pädagogisch-therapeutischen Handelns einräumt. Seine einzige Reaktion, die des Schreiens, stellt für Walter deshalb die einzige Möglichkeit dar, Aufmerksamkeit von seiner Mutter zu er-halten, was Julie Aichele für die logische Konsequenz der oben beschriebenen Situation hält (vgl. Aichele 1, S. 13).

Die theoretische Interpretation dieses Falles, lässt sich wiederum auf die *Jungsche* Psychologie zurückführen. Die Geburt eines neuen Kindes führt bei Walter zu starken Komplexbildungen, die sich in der Folgezeit negativ verstär-ken und zum Neurotischen Symptom entwickeln. Die Flucht in die Phantasie und das Verharren in kleinkindlichem Verhalten stellen für Walter den einzigen Weg dar, das Interesse der Mutter auf sich zu lenken. Dadurch entsteht bei gleichzeitiger Komplexbildung eine Entwicklungsverzögerung. Den Anspruch auf Vormacht sieht sie darin begründet, dass sich Walter zum Vater phantasiert, „von wo aus der Weg zum Herrn und König ein kleiner ist" (ebd.), so Julie Ai-cheles Interpretation. Zudem kann er sich somit die Stellung des Ersten in der Geschwisterreihenfolge sichern und muss es in der Wirklichkeit nicht mehr wer-den (vgl. ebd.).

Das „Quellgebiet" der Neurose bei Gustav siedelt Julie Aichele, ebenso wie bei Walter, im familiären Kontext an. Auch Gustav fühlt sich minderwertig ge-genüber seinen älteren Geschwistern, bringt dies jedoch auf andere Weise zum Ausdruck. Er sucht seinen Weg nicht durch die Flucht in Phantasien, sondern seine Ersatzhandlung äußert sich in einer einseitigen Funktionsentwicklung.

Gustav ist ein sehr guter Schüler. Jeden Morgen jedoch bevor er in die Schule geht, weint er, was Julie Aichele große Schwierigkeiten bereitet. Diese Widersprüchlichkeit erklärt sie sich dadurch, dass Gustav die Schule nur als Mittel benutzt, um sich vor den Anderen auszuzeichnen, wie es schon beim Flu-chen der Fall war. Aus seinen Charakterzügen und seinem Verhalten schließt sie, dass seine *superiore* Funktion die „Empfindungsfunktion" ist. Dadurch jedoch, dass in der Schule die „Denkfunktion" überwiegt, um außerordentliche Leistun-gen zu erbringen, gerät sein Wesen in eine unerträgliche Spannung (vgl. ebd., S. 15 ff.). Durch unterschiedliche Interventionen in Gustavs Alltag versucht sie, diese Unausgeglichenheit zu beheben, indem sie immer wieder sein Selbstwert-gefühl stärkt. Demzufolge lässt sie ihn beispielsweise die Heimreise alleine be-wältigen und geht davon aus, dass dies für ihn die Möglichkeit in sich birgt, an Selbstvertrauen zu gewinnen. Überdies bietet sie ihm unterschiedliche Optionen an, seine Kräfte gleichmäßig zur Entfaltung zu bringen und lässt ihm zusätzlich ein entsprechendes Maß an Anerkennung zukommen (vgl. ebd., S. 19 ff.). Ein Gespräch mit den Eltern bezüglich frühkindlicher Erlebnisse von Gustav findet in diesem Falle nicht statt.

8.10.1.5 Erziehungsgedanken

In ihren Schriften kommt zum Ausdruck, dass Julie Aichele hinsichtlich ihrer Fälle – so auch bei Gustav und Walter – Folgerungen für eine psychoanalytische Erziehung zieht. Diesbezüglich werden im Anschluss ihre Gedanken wiedergegeben. Aufgrund der Fülle und der wenig detaillierten Beschreibung werden diese exemplarisch aufgeführt.

In Bezug auf die neurotische Erkrankung von Walter macht Julie Aichele darauf aufmerksam, dass der Erzieher sehr wachsam gegenüber auffälligen Verhaltensweisen von Kindern sein sollte. Denn sie hat in ihrer praktischen Arbeit oftmals festgestellt, dass jene jungen Menschen, die sich nicht ihrer Altersstufe entsprechend verhielten von ihresgleichen schlecht behandelt wurden. Dies führt sie darauf zurück, dass Gleichaltrige Phantasien und Unausgeglichenheiten erheblich besser wahrnehmen können als die Erwachsenen, weshalb sie anrät bei derartigen Symptomen psychologische Hilfe in Anspruch zu nehmen (vgl. Aichele 1, S. 13 f.). Des Weiteren wird deutlich, dass der familiäre Kontext, insbesondere die Geschwisterreihenfolge, eine große Rolle spielt und sie diesem Sachverhalt weitreichende Bedeutung schenkt. Über Walters Fallbeispiel hinaus können noch weitere Passagen gefunden werden, in welchen sie sich besonders mit der Geburt eines neuen Geschwisterkindes und dessen Wirkung auf die gesamte Familie auseinandersetzt. Dieses Ereignis bezeichnet sie als „eine der sichtbarsten Klippen" (ebd., S. 8) im Leben eines Kindes. Sie hat oft die Erfahrung gemacht, dass die Eltern ihr Erstgeborenes diesbezüglich nicht ausreichend wahrnehmen und in unbedachter Weise zu ihm sagen: „Hab´s lieb [das neue Geschwisterchen]" (ebd., S. 7). Auch bedenken sie nicht, wie oft sie ihr Kind von sich weisen, und welche großen Schritte es dabei in Richtung Selbständigkeit gehen muss. Darüber hinaus weist sie darauf hin, dass dem Kind außer seinen Affekten keine anderen Ausdrucksmöglichkeiten zur Verfügung stehen, was von Vater wie Mutter oftmals falsch gedeutet wird: „Was Wunder, daß so ein kleiner Kerl in seiner Hilflosigkeit schreit und strampelt, und so zwar Befassung erzwingt, aber meist schmerzhafter Art" (ebd.). Deshalb mahnt sie den Erzieher aufmerksam gegenüber den Zeichen und Signalen des Kindes zu sein:

> Die beschränkten Ausdrucksmittel des Kindes machen es oft schwer zu verstehen, was das Kind eigentlich meint und sagen will, deshalb ist etwas vom Wichtigsten, daß der Erzieher das richtige Horchen erlerne (Aichele 1, S. 38 f.).

Bei Gustav kommt Julie Aichele zu dem Schluss, dass neurotische Störungen in vielen Fällen von einseitigen Funktionsentwicklungen herrühren. Analog zur Aufgabe, die die Bewusstseinsfunktionen innehaben, findet sie einen organischen Gegenpart: „Wie jeder Muskel, der nicht gebraucht wird, unbrauchbar und schwach bleibt, so auch jede seelische Kraft, die nicht geübt wird" (Aichele 1, S. 18). Deshalb fordert sie den Erzieher auf, alle Kräfte des Kindes gleichmäßig zur Entwicklung zu bringen, anstatt Einseitigkeit zu forcieren. Sie merkt jedoch auch an: „Nichts ist so schwierig in der Erziehung, als darauf zu achten, daß ein Kind a l l e Funktionen entwickelt, keine liegen läßt" (ebd., S. 17). Weiterführende Anmerkungen, Ergänzungen oder konkrete Vorschläge hinsichtlich der weiteren Behandlung dieser einseitigen Funktionsentwicklung gibt Julie Aichele nicht.

8.10.2 Weitere Erziehungsgedanken

Neben den bislang genannten Erziehungsgedanken formuliert sie in ihren Schriften einige weitere Grundsätze. Sie wendet sich beispielsweise mahnend an die Eltern, ihre Kinder niemals anzulügen, denn „jede Unwahrheit – auch dem kleinen Kind gegenüber – bleibt gefährlich und wäre sie noch so gut gemeint" (Aichele 1, S. 31). Diese Aussage untermauert sie mit zahlreichen Beispielen, die jedoch an dieser Stelle nicht weiter ausgeführt werden können.

Des Weiteren plädiert sie für eine unbedingte sexuelle Aufklärung. Auch hier führt sie Beispiele an, die zu gravierenden Sexualkomplexen geführt haben und die durch eine gelungene Aufklärung hätten vermieden werden können. Julie Aichele fordert deshalb, dass alle Fragen des Kindes ohne Einschränkung beantwortet werden müssen. Es ist die Aufgabe des Erziehers, sich vor Augen zu führen, dass jede Peinlichkeit, die dabei entsteht, von seiner Seite kommt, da das Kind ohne Erfahrung und völlig unbefangen sich diesem Themengebiet zuwendet. Einhergehende Unsicherheit wird sofort verspürt und auf den jungen Menschen übertragen (vgl. ebd., S. 35). Julie Aichele strebt deshalb bei der Beantwortung solcher Fragen an, „in sich klar und harmlos" (ebd., S. 37) zu bleiben. Denn

> das ganze Gebiet der Menschwerdung ist zu groß und wichtig, als daß es vom normal begabten Kind übersehen werden könnte, und da heute noch sehr viele Erzieher selbst eine große Scheu haben, diesen ganzen Fragenkomplex offen und ehrlich anzupacken, obgleich die Not unserer Zeit gerade hier laut genug spricht, so muß immer wieder betont werden, daß niemand, dem die Erziehung eine ernste Aufgabe ist, die Aufklärung seiner Kinder über Geburt und Liebe dem Zufall überlassen sollte (Aichele 1, S. 36).

Darüber hinaus setzt sie sich mit dem Thema „Tod und Werden" auseinander, welches jedoch an dieser Stelle nicht weiter bearbeitet werden kann.

8.10.3 Zusammenfassung

Es kann festgehalten werden, dass Julie Aichele sämtliche neurotische Erkrankungen beim Kind auf allgemein menschliche und existentielle Themen, wie beispielsweise Geburt, Tod, Sexualität und Wahrheit zurückführt, die auf archetypischen Grundmustern beruhen. Zudem wird anhand dieser Beispiele erkennbar, dass die Symptome durch die Konfrontation der archetypischen Bilder mit der Wirklichkeit entstehen.

Die im obigen Teil beschriebenen Störungen bezeichnet Julie Aichele als die im Kind *selbst* liegenden Probleme. Das weitaus größere Gebiet sieht sie jedoch in den neurotischen Störungen, die im Kind *nicht selbst* in Folge von Komplexbildungen und einseitigen Funktionsentwicklungen entstanden sind, sondern von den Eltern auf den jungen Menschen übertragen wurden.

8.11 Übertragung der Neurose auf das Kind

Kindliche Störungen im psychischen Gesamthaushalt sind oftmals auf die Eltern als Ursache zurückzuführen. Hierauf legt Julie Aichele den Schwerpunkt ihrer pädagogisch-therapeutischen Arbeit, was an der Quantität ihrer Reflexionen sichtbar wird. Bedeutsam dahingehend ist auch, dass sie die Konzeption ihres Heimes vor allem auf die Arbeit mit den Eltern ausrichtet und jene auch in ihre Behandlung miteinbezieht.

An dieser Stelle muss erwähnt werden, dass sich auch schon C. G. Jung mit der besonderen Bedeutung der Eltern für das Kind – beispielsweise in seiner Publikation „Psychologie und Erziehung" (1946) – auseinandergesetzt hat und deshalb zu vermuten ist, dass Julie Aichele in großem Maße davon beeinflusst wurde.

Auch bezüglich dieses Themengebietes scheint es für sie wichtig zu sein, die Gesellschaft an ihren Gedanken zur Erziehung teilhaben zu lassen. Es ist ihr deshalb ein großes Anliegen jenes gänzlich ungenügende Wissen „um die tiefe seelische Beziehung zwischen Eltern und Kind" (Aichele 20, S. 3) zu erläutern und darzustellen. Diese besondere psychische Verflechtung sieht sie als „eine der Hauptquellen aller Erziehungsschwierigkeiten, des Nichtgedeihens, der Unangepaßtheit und der nervösen Störungen" (ebd.) an. Ergänzend fügt sie hinzu, dass es außerdem vielen Eltern schwer falle, ihr Kind in seinem „Nicht-anders-sein-können" zu akzeptieren:

> Jeder Mensch, Vater wie Mutter, trägt ein unbewußtes Bild in sich, wie sein Kind sein sollte, und bei jedem weiteren Kind, das Eltern erwarten, ist zutiefst immer

wieder ein geheimer Wunsch wirksam, wie nun gerade dieses neu zu erwartende Lebendige sein möge (Aichele 20, S. 3).

Ohne, dass dies von Julie Aichele erwähnt wird, geht sie auch hier von einem archetypischen Motiv des Kindes aus, welches im Kollektiven Unbewussten der Eltern lagert und sich mit der Zeit durch die persönliche Erfahrung mit dem realen Kind modifiziert. Sie merkt an, dass dies natürlich und richtig ist, solange ihre Vorstellung Hoffnung oder Wunsch bleibt. Ist es den Eltern jedoch verwehrt, ihr Ideal vom realen Kind zu unterscheiden, so wird aus der Erwartung eine Forderung und das Wunschbild schiebt sich wie eine „Glasscheibe oder spanische Wand" (ebd.) zwischen das wirkliche Kind und die Eltern. Wo dies geschieht, haben Vater wie Mutter nur noch diesen Prototypen vor Augen und versäumen es, ihr Kind in seinem individuellen Wesen anzunehmen, es zu versorgen und adäquat zu pflegen. Sobald sich jedoch Unterschiede zwischen Vorstellung und Wirklichkeit ergeben, erwächst in den Eltern die große Angst, ihr Kind könne missraten, wodurch die „grundlegende Bedingung zu einer gesunden seelischen Entwicklung gestört" (ebd.) ist. Diese These belegt Julie Aichele mit einem Beispiel aus ihrer praktischen Arbeit. Sie beschreibt die Situation eines vierzehnjährigen Mädchens, welches aufgrund starker affektiver Ausbrüche bei ihr Aufnahme findet (vgl. ebd., S. 4). In Gesprächen stellt sich heraus, dass sie dem Wunschbild ihrer Mutter erliegt, was durch folgende Aussage deutlich wird: „Ich soll immer 'edel' sein und ich bin halt so egoistisch" (ebd.). Das Mädchen spürt, dass etwas nicht richtig ist, und es deshalb der Mutter nicht wirklich vertrauen kann. Durch dieses Gefühl des „Nicht-recht-seins" findet sie den Zugang zu ihrem tiefsten Inneren nicht, was sich in den bereits beschriebenen affektiven Ausbrüchen äußert.

Auch bei einem dreijährigen Mädchen, welches in ihrer Behandlung steht, kommen Erziehungsschwierigkeiten allein daher, dass die Mutter sich nicht an das Kind wendet, sondern immer nur an sein Idealbild, welches sie auf dieses projiziert.

Julie Aichele erläutert, dass sich diese Kinder jedoch nicht gegen ihre Eltern oder deren Erziehung auflehnen und dass auch keine „asoziale Veranlagung" die Ursache hierfür beinhaltet. Vielmehr ist es

> das berechtigte Sich-wehren um das eigne [sic!] Wesen, entstanden aus dem dunklen Drang, sich nicht verkrüppeln und zerstören zu lassen. Es ist gesunde und notwendige Selbsterhaltung (Aichele 20, S. 4).

Darüber hinaus ist es auch immer vom Typus des Kindes abhängig, inwieweit dieses sich einer Formung des von den Eltern erschaffenen Wunschbildes widersetzen kann oder durch eine angeborene Schüchternheit und Ängstlichkeit, wie sie beispielsweise häufig dem introvertierten Typus gegeben ist, erdrücken lässt (vgl. Aichele 20, S. 5). Dabei sieht sie im eher extravertierten Verhalten des Kindes bessere Aussichten wieder gesund zu werden, da hier die Neurose in einer Unangepasstheit mit der Umgebung zum Ausdruck kommt, wohingegen bei einem introvertierten Verhalten oft der Anschein erweckt wird, in der Erziehung gehe alles reibungslos vonstatten. Erliegt das Kind dem Wunschbild seiner Eltern „versündigt [es] sich an seinem eigenen Leben und versäumt so seine eigene und eigentliche Wirklichkeit" (ebd.), so Julie Aichele. Auch stellt sie fest, dass diese jungen Menschen oftmals von starken Schuldgefühlen geplagt werden. Dies führt sie darauf zurück, dass es auch nur eine sehr große Schuld sein kann, „nicht sein eigentliches Leben zu verwirklichen, sondern sich ... zum Phantasma eines Anderen machen zu lassen" (ebd.). Sie beschreibt weitergehend, welche Folgen diese „naturwidrige Dressur" haben kann. So hat sie die Erfahrung gemacht, dass diese Kinder in einer anderen Umgebung, beispielsweise in der Schule, teilweise oder sogar gänzlich scheitern. Dort werden sie in ihren Anmaßungen etwas Besonderes zu sein, wie ihnen von den Eltern täglich vermittelt wird, zurückgewiesen und von ihresgleichen nicht in die Gemeinschaft integriert. Die Folge hiervon ist ein Rückzug in die Isolation und beinhaltet die Erkenntnis, dem Leben gegenüber gründlich versagt zu haben. Das Kind gerät dadurch in eine überaus unglückliche Lage. Um dieser jedoch dennoch Stand halten zu können, fängt es an die Unwahrheit zu sagen, um damit seine fehlenden Leistungen zu kompensieren. Diesen unbewussten Prozess sieht sie „als mißglückte[n] Ausdruck eines seelischen Zustandes" (ebd., S. 6) an, welcher einen „Hilferuf an die Umgebung" (ebd.) in sich birgt: 'Seht in welchem Schwindel ich drinstecke!'. Es ist im Grunde tiefste Ehrlichkeit" (ebd.).

Julie Aichele merkt zusammenfassend an, dass es sich in den meisten Fällen, in denen sich das Kind seinen Eltern widersetzt, „um ein Sich-wehren gegen die Zumutung, nach einem fremden Wunschbild geformt zu werden" (ebd., S. 4) handelt. Auch hält sie es für nützlich, „wo man glaubt, einen asozialen Menschen vor sich zu haben, ihn einmal unter dem Gesichtswinkel des elterlichen Wunschbildes zu betrachten" (ebd., S. 7).

Welche unbewussten Vorgänge in der Gesamtpsyche der Eltern sich darüber hinaus im Seelenleben des Kindes noch manifestieren können und welche Ursachen sie diesen zugrunde legt, wird im Anschluss aufgezeigt.

8.11.1 Weitere Beispiele und Ursachen

Das Paradebeispiel der tüchtigen Hausfrau dient Julie Aichele zur Veranschaulichung weiterer Verhaltensweisen, die beim Kind – vor allem beim introvertierten

Typus – zu neurotischen Störungen führen können. Stets in Eile verhält sie sich oftmals sehr impulsiv, kann unbeholfene Handlungen nicht ertragen und beschließt deshalb, die einfachsten Dinge des alltäglichen Lebens stellvertretend für das Kind zu übernehmen – häufig einhergehend mit der Bemerkung: „Laß nur, das kannst du nicht", „Ich will dir helfen" oder „Gib her, ich mach das schneller" (Aichele 20, S. 9). Julie Aichele merkt an, dass jedoch gerade dieses Verhalten „eine Lähmung für die Initiative des werdenden Menschen" (ebd.) bedeutet und damit verbunden eine Schwächung seines Selbstvertrauens zur Folge haben kann. Das Verhalten von Erwachsenen wird wirklichkeitsgetreu nachgeahmt, anstatt aus freien Stücken und mit Liebe und Vertrauen, sich einer Sache ganz hinzugeben. Werden in späteren Lebensabschnitten, beispielsweise in der Schule, konkrete Anforderungen an das Kind herangetragen, kann es diese nicht selbständig und aus eigenem Bedürfnis heraus ausführen, sondern ist auf die ständige Hilfe der Erwachsenen angewiesen. Schwierigkeiten können und wollen nicht bewältigt werden und das Kind entwickelt sich zu einem kleinen „Trau-mich-nicht" (ebd.). Julie Aichele stellt sich daraufhin die Frage, wie eine Frau dazu kommt, „'sich als Mutter so zweckwidrig im Sinne der Lebensentwicklung zu verhalten, dass [sie] mit all ihrer Mühe und Pflege und Aufopferung gerade das Gegenteil dessen erreicht ..., was ihre bewußte Einstellung beabsichtigt'" (ebd.). Die Ursache hierfür sieht sie in vielen Fällen vor allem darin begründet, dass von Seiten der Eltern ein Machtanspruch vorliegt, sich „das eigene Kind ... nicht über den Kopf wachsen zu lassen" (ebd., S. 10). Solch einen unbewussten Bedarf führt sie auf ein Gefühl der eigenen Schwachheit und der unentwickelten Seiten zurück. Im psychischen System entspricht dies einer Stauung des *Libidostromes* in unbewussten Bereichen des menschlichen Seelenlebens, was zu schwerwiegenden negativen Komplexbildungen führen kann. Aufgrund des Gegensatzprinzips, von welchem in der *Jungschen* Psychologie ausgegangen wird, kann die Hilfe für den Menschen deshalb nur in einer Wiederherstellung seiner Gleichgewichtslage liegen. Julie Aichele gibt allerdings zu bedenken, dass es dem Menschen im Allgemeinen schwer falle, sich seinen schwachen Seiten zuzuwenden. Vielmehr ist er dazu geneigt, seine bereits gut ausgebildeten Kräfte weiter zu stärken, sie „zu polieren, um sie auf Hochglanz zu bringen" (ebd.). Des Weiteren merkt sie an: „Diese unsere starke Seite lieben wir und nehmen sie für den g a n z e n Menschen" (ebd.).

Die schwachen und unbewussten Seiten hingegen bedeuten eine Gefahr für die bewusste Einstellung und schließen Angst und Bedrohung mit ein. Deshalb der Versuch der Eltern, Macht über ihr Kind zu erlangen, um die eigene unsichere Lebenslage zu stützen, da sie oftmals selbst nicht fest genug im Leben stehen:

Kein Mensch, der lotrecht über seinem eigenen Schwerpunkt aufgebaut ist, braucht ein anderes Leben zu hindern und zu beherrschen, um sein Lebensgefühl dadurch zu verstärken (...). Und so können wir nicht sehen, wie es gerade unsere Einseitigkeit ist, die uns schief und haltlos macht, da sie unseren Schwerpunkt aus unserer Mitte hinaus verlegt. Darum ist den meisten von uns nicht von der starken, sondern von der schwachen Seite her zu helfen (Aichele 20, S. 10).

Zur Veranschaulichung dieses seelischen Bildes dient ihr im realen Leben der Ausbau des Ulmer Münsters. Nach dessen Fertigstellung fehlt nun noch „der letzte Aufsatz, die Helmspitze" (ebd.). Kurz nachdem die Baumaßnahmen beginnen, müssen diese auch bald wieder eingestellt werden, weil das Fundament nachgibt und das neue Gewicht nicht tragen kann. Infolgedessen werden die Grundmauern verstärkt und der Turm kann daraufhin „seine Krönung finden". Julie Aichele stellt nun die Analogie zu den Eltern her und setzt sie gleich mit dem Boden. Ist dieser nicht von ausreichender Tragfähigkeit, sprich, die Eltern in ihrem Seelenleben zu labil und unsicher, fehlt dem Kind der Halt, um seine Wurzeln tief genug in die Erde einzulassen. Dies, so Julie Aichele, drückt sich oftmals in kindlichen Störungen aus: „Ein Mangel an Tragfähigkeit des Lebensgrundes. Der unbewußte Lebensgrund der Eltern ist vom bewußten Oberbau so überlastet, daß das junge Leben nicht mehr darin gründen kann" (ebd.). Deshalb fordert sie die Eltern dazu auf, sich ihren schwachen Seiten anzunehmen, um damit dem Kind eine gesunde Entwicklung zu ermöglichen (vgl. ebd., S. 11). Sie schreibt ihnen jedoch keine persönliche Schuld zu, ihren Kindern zu wenig Liebe entgegenzubringen oder sie falsch zu erziehen. Vielmehr liegt ihr daran, den eigenen seelischen Zustand zu reflektieren, um sich den unbewussten Bestandteilen ihrer Persönlichkeit widmen zu können. Zusammenfassend geht es ihr hinsichtlich der Erziehung des Kindes also „weniger um das T u n der Umgebung als um das S e i n, nicht die T a t, sondern das Wesen der Eltern ist die Lebensatmosphäre des Kindes" (Aichele 27, S. 4 f.).

8.11.2 Implementierung der Elternarbeit

Julie Aichele implementiert das eben beschriebene theoretische Verständnis, indem sie mit den Eltern therapeutische Gespräche führt, um sie von ihren Symptomen zu befreien. Ihre jahrelange Erfahrung hat ihr gezeigt, dass sich die seelische Lage des Kindes in entscheidendem Maße verbessert, sobald die Eltern ihre eigene neurotische Erkrankung akzeptieren und sich ihren verborgenen und schwachen Seiten annehmen. Aufgrund dessen bezieht sie die Eltern so gut es geht in die Behandlungen mit ein, vor allem in sehr schwierigen Fällen (vgl. Aichele 27, S. 3 f.). Im Besonderen bemüht sie sich um die Väter, da sie diesen in Bezug auf junge Männer eine nachhaltige Wirkung zuschreibt. Wohingegen bei kleineren Kindern eher die Mutter die zentrale Rolle spielt (vgl. Aichele 27, S. 7). Die Kooperation mit den Eltern sieht sie zwar häufig als überaus störend an, gelangt trotz allem zu der Erkenntnis, dass diese Schwierigkeit einen wesentlichen Teil ihrer alltäglichen Arbeit beinhaltet und deshalb unvermeidlich ist. Sie beschreibt, dass sie oft schon nicht mehr an eine Heilung geglaubt hat und erst durch das Einbeziehen der Eltern das Kind doch noch von seiner Neurose befreit werden konnte (vgl. ebd., S. 4). Julie Aichele fordert deshalb von den Eltern, sich therapeutisch behandeln zu lassen und sei es nur um ihrer Kinder willen (vgl. Aichele 20, S. 14).

Auch in den Leitfadeninterviews wurde die Elternarbeit thematisiert. Jedoch hat keiner der Interviewpartner diese damals bewusst wahrgenommen. Selbst Eugenia Mahron, die lange Zeit im Haus wohnte, kann sich nicht daran erinnern je Eltern gesehen zu haben (vgl. I3, Z. 348 ff.). Irmgard Bosch bestätigt zwar, dass Elternarbeit stattgefunden hat, kann sich jedoch auch nicht konkret daran entsinnen (vgl. I2, Z. 251 ff.).

8.12 Störungen im Kollektiven Unbewussten

In ihrer praktischen Arbeit wird Julie Aichele auch mit Störungen konfrontiert, die mit Hilfe der Anamnestischen Analyse nicht behandelt werden können. Ihren Ursprung siedelt sie im Bereich des Kollektiven Unbewussten an, weshalb eine Identifikation mit den Archetypen bereits stattgefunden haben muss. Dies ist auf traumatische Ereignisse im kindlichen Leben – beispielsweise auf den Tod eines Angehörigen oder die frühe Abwesenheit der Mutter – zurückzuführen (vgl. Aichele 28, S. 4).

Die Kinder fallen hierbei „aus dem Kinderhimmel in das dunkle, gefahrvolle Reich der Hexe" (ebd.) und verfangen sich im Kollektiven Bereich. Diese Situation beschreibt Julie Aichele wie folgt:

> Es ist häufig, als stünde das Kind jenseits eines grossen dunklen Wassers, wo unsere Mahnungen, unsere Rufe und unsere Lehre es nicht erreichen, und wir müssen warten, bis der richtige Fährmann kommt, der uns dahin führt, wo das bewusste Wesen des Kindes in Wirklichkeit weilt (Aichele 12, S. 1 f.).

Damit einher geht ein Gefühl der Lähmung, womit eine gesunde Entwicklung – sowohl in geistiger als auch in körperlicher Hinsicht – nicht mehr gewährleistet werden kann (vgl. ebd., S. 1). Wie beim Neurotischen Symptom sieht Julie Aichele auch in der völligen Identifikation mit den Archetypen etwas Positives.

Auch hier handelt es sich um ein „Alarmsignal", welches verdeutlicht, dass eine Beeinträchtigung im seelischen Bereich vorliegt (vgl. Aichele 12, S. 2).

Dass diese Störungen so schwierig zu beheben sind, begründet Julie Aichele damit, dass das Kollektive Unbewusste von Seiten der heutigen Erzieher gänzlich verleugnet wird (vgl. ebd., S. 1). Viele tun so, als gäbe es kein Irrationales und stempeln es als „dumme[n] Aberglauben" ab (vgl. ebd., S. 2). Mit solch einer Haltung, so Julie Aichele, könne man dem Kind natürlich auch nicht helfen. Sie hingegen geht davon aus, dass der Mensch nicht nur *einem* Lebensraum angehört, sondern auch in Beziehung zu *anderen* metaphysischen Sphären steht. Die Auseinandersetzung mit dem Kollektiven Unbewussten hält sie deshalb für unerlässlich. Denn es ist wichtig, dass der Erwachsene um „diese Dinge" weiß, damit er dem Kind in seiner ernsten Lage beistehen kann:

> Wenn nämlich bei uns die Türe nicht klemmt, sondern in der Angel spielt, so geht auch beim Kinde eine Türe auf gegen uns, und es kann unsere stützende Hand spüren, wenn es danach greift (Aichele 12, S. 10).

Liegt solch eine Störung vor, besteht die Aufgabe der Erwachsenen darin, „mit offenen Armen bereit zu stehen, da zu sein als lebendige, nahe Erscheinung dieser ungeheuren Welt, auch wenn es uns ungeschickt ist, wenn einer den Weg zurücksucht von des Teufels Grossmutter" (ebd., S. 12). Auch betont Julie Aichele, dass man zwar nicht mit in diese Welt gehen und dem Kind auch die Forderung nicht abnehmen kann, es jedoch wichtig ist, für seine Ankunft bereitzustehen, um es in Empfang zu nehmen (vgl. ebd.).

In Bezug auf eine archetypische Identifikation nutzt Julie Aichele vor allem folgende therapeutische Behandlungsmethoden: Darstellungen und Zeichnungen sowie Träume und Märchen. Auf Letzteres wird im Anschluss das Augenmerk gerichtet sein. Dahingehend beschreibt sie einen Jungen, der ihrer Ansicht nach im Kollektiven Unbewussten verhaftet ist. Mit einer Tierphantasie trägt er zum Verständnis seiner Lage bei. Er erzählt, dass er am liebsten ein Wolf sein möchte, der Blut säuft und in Fleisch beißt. Da er „weder befriedigend zeichnen noch modellieren konnte" (Aichele 14, S. 7) schlägt sie ihm vor, die Geschichte seines Wolfes in Erzählform wiederzugeben. Erst jedoch als sie ihn bittet, dies in der Ich-Form zu tun, kommt er in Fluss und öffnet sich. Julie Aichele erkennt, dass bereits eine Identifikation mit dem Wolf stattgefunden hat und durch die Ich-Erzählung dies nur noch deutlicher zum Ausdruck kommt (vgl. ebd.). Hinsichtlich ihrer therapeutischen Vorgehensweise versucht sie Folgendes: Sie liest ihm das Märchen vom „Goldenen Vogel" vor, in welchem sie die Lösung seines Problems zu erkennen vermag:

'Bis jetzt lebte der Wolf gegen deinen Menschen; nun soll aber dein Mensch nicht gegen deinen Wolf leben, sondern du musst suchen, dass du in eine so nette Freundschaft mit ihm kommst, wie der jüngste Königssohn mit dem Fuchs. In jeder Not weiss er Rat, und hilft ihm aus den gefährlichsten Lagen, während die beiden älteren Brüder, welche sich um das 'alberne Tier' nicht kümmern, zugrunde gehen' (Aichele 14, S. 8 f.).

Julie Aichele erläutert, dass das Kind in dieser Art Bilder auf abstrakte Weise sein inneres Seelenleben verstehen kann (vgl. ebd., S. 9). Dem Ursprung dieser Störung geht sie in diesem Falle nicht nach, auch von Gesprächen mit den Eltern ist nicht die Rede.

Dass ihr – hinsichtlich der Loslösung aus dem Kollektiven Unbewussten – vor allem auch Träume als therapeutische Mittel dienen, wird an dieser Stelle zwar angemerkt, kann jedoch aufgrund der zahlreichen kasuistischen Beispiele, die sie diesbezüglich aufführt, nicht näher erläutert werden.

Ergänzend zu den bislang erwähnten Ansätzen fügt sie hinzu, dass sie oftmals die Rolle der fürsorgenden und pflegenden Mutter und auch teilweise – jedoch völlig unbewusst – und noch intensiver die schützende Rolle des Vaters übernommen hat. Dieser Aussage ist zu entnehmen, dass die Projektion bezüglich einer Behandlung der Verhaftung im Kollektiven Unbewussten für sie sehr bedeutsam ist (vgl. Aichele 31, S. 9). Allgemein, so Julie Aichele, übernimmt der Psychologe für das Kind immer die Stellvertretung von Vater oder Mutter (vgl. Aichele 27, S. 7).

Märchen, Träume, Zeichnungen und Darstellungen sowie Projektion und Übertragung stellen demnach *die* therapeutischen Mittel dar, um sich aus den Fängen der Archetypen und damit aus dem Kollektiven Unbewussten zu befreien.

8.13 Aufruf an die „Erzieherschaft"

Nachdem nun Julie Aicheles pädagogisch-therapeutisches Vorgehen erläutert wurde, erfolgt anschließend die Darstellung zweier Aspekte, die sich wie ein roter Faden durch ihre Arbeiten ziehen. Dahingehend werden zwei Grundsätze entworfen und auf ihre inhaltliche Konkretisierung hin zusammengefasst.

Der erste Grundsatz bezieht sich auf die Kommunikation zwischen erwachsenen und jungen Menschen. Dass Letzteren in vielen Fällen die Anpassung an ihre innere und äußere Welt nicht gelingen mag, führt Julie Aichele nicht auf das Ereignis an sich zurück, sondern darauf, sich nicht in angemessener Weise artikulieren zu können (vgl. Aichele 1, S. 34 f.). Denn dem Kind stehen in seinen ersten Lebensjahren nur affektive Ausdrucksweisen wie Schreien, Strampeln oder Weinen zur Verfügung. Selbst bei größtem Schmerz, Angst oder Entsetzen kann es sich nur mit Hilfe dieser Formen Ausdruck verschaffen. Oftmals jedoch wird sein Verhalten missverstanden und die „unwissenden Erzieher" treten dem Kind mit körperlicher Gewalt entgegen (vgl. Aichele 26, S. 5). Dies würde nicht geschehen, wenn sich die Menschen mehr mit der kindlichen Sprache auseinandersetzen würden, um diese besser deuten und begreifen zu können. Denn durch das Versagen seiner sprachlichen Mittel, beispielsweise bei höchst emotionalen und phantastischen Erlebnissen, wird das Kind vom Erwachsenen häufig falsch wahrgenommen. Um dies zu vermeiden, ist es wichtig, dass der „Erzieher" der Erzählung des Kindes in höchstem Maße Aufmerksamkeit schenkt, bis er „sich nach dem Hin und Her der kindlichen Darstellung auch nur einen ungefähren Begriff von den tatsächlichen Vorgängen machen kann" (Aichele 1, S. 33). Wenn es schon für einen Erwachsenen schwierig ist, sich angemessen auszudrücken, wie schwer mag dies dann für einen jungen Menschen sein, merkt Julie Aichele an (vgl. ebd.). Deshalb steht das „richtige Horchen" und das Verstehen des Kindes vor allen anderen Dingen und bildet somit eine Grundvoraussetzung für jede Form von Erziehung (vgl. ebd., S. 38 f.).

Der zweite Grundsatz bezieht sich auf die Auseinandersetzung mit psychologischen Gedanken hinsichtlich der Kindererziehung. Julie Aichele kritisiert, dass sich die Menschen im Allgemeinen zu wenig mit psychologischen Phänomenen und im Speziellen mit der Deutung von Erkrankungen im Kindesalter beschäftigen. Sie plädiert dafür, sich mehr den „inneren Hintergründen des Lebens und den schöpferischen Kräften" (Aichele 2, S. 29) der Seele zuzuwenden. Im Rahmen ihrer Veröffentlichungen in Zeitschriften fordert sie die Gesellschaft dazu auf, sich mit diesen Fragen zu befassen. Neben konkreten und praktischen Ratschlägen bezüglich bestimmter Verhaltensweisen von Kindern führt sie, wie bereits erwähnt, auch Tagungen in ihrem Haus durch, um die Menschen an ihren Gedanken teilhaben zu lassen und sie dahingehend weiterzubilden. Im Allgemeinen strebt sie eine Sensibilisierung der Gesellschaft an, um neurotische Störungen dadurch vorzubeugen. Sie hält es für notwendig, dass der Erzieher sich mehr um die „tieferen seelischen Zusammenhänge" bemüht, um dadurch rechtzeitig die psychischen Leiden des Kindes zu erkennen (vgl. Aichele 11, S. 3). Dadurch könnte des Weiteren, wie sie sagt, eine große „Summe an Kraft, Geld, Sorgen und Not ... gespart werden" (Aichele 9, S. 315).

Neben diesen beiden Grundsätzen muss sich die Gesellschaft jedoch darüber bewusst sein, dass es kein allgemeingültiges Rezept für Erziehung gibt, sondern

> für jedes Kind der besondere Weg gesucht werden, sozusagen jedesmal neu erfunden werden [muss], an was sich gerade dieses besondere Seelchen aufrichten kann

und entscheidend ist, daß wir ihn auf diesem Weg nicht im Stiche lassen, sondern unter allen Umständen durchhalten (Aichele 31, S. 13).

Nachdem nun sämtliche Ideen, Gedanken und praktische Vorgehensweisen Julie Aicheles nachgezeichnet wurden, soll an dieser Stelle die Verbindung zum Ziel des Lebens hergestellt werden, welches in der *Jungschen* Psychologie von der Individuation verkörpert wird. In diesem Sinne steht am Ende eine von ihr entworfene Formel bezüglich der Aufgabe der Erziehung, wie der Aufgabe des Lebens allgemein:

> Das allmähliche Bewußtwerden des Lebens, seiner inneren und äußeren Fragen und Anforderungen ist der Inhalt der Kindheit und Jugend, der Versuch, Ich und Welt in ein Gleichgewichtsverhältnis zu bringen, der Inhalt des Lebens. Die Aufgabe der Erziehung kann es also nur sein, dem Kinde beizustehen bei dieser doppelten Anforderung der inneren Entwicklung der eigenen Kräfte und der äußeren Anpassung an die Welt (Aichele 1, S. 48).

Im Anschluss erfolgen nun eine Zusammenfassung der wesentlichen Erkenntnisse und Ergebnisse sowie ein Ausblick auf weiterführende Gedanken, Arbeiten und Forschungsprojekte.

9 Schluss und Ausblick

Um an dieser Stelle den Kreis zu schließen, werden nun die eingangs formulierten Forschungsfragen, mit Hilfe derer Julie Aicheles Leben und Werk in anschaulicher Weise nachgezeichnet werden konnten, beantwortet. Die biographischen, historischen, bildungs- und wissenschaftsgeschichtlichen Rahmenbedingungen werden nun miteinander verknüpft und zu einem Gesamtkomplex verwoben, um anschließend Julie Aicheles pädagogisch-therapeutisches Denken und Handeln zusammenzufassen und darzustellen.

Forschungsfrage I

Die Hypothese, dass Julie Aichele von ihrem familiären, historischen und wissenschaftstheoretischen Kontext geprägt wurde, konnte in dieser Arbeit eindeutig belegt werden. Bezüglich ihrer Familie war bereits aus ihren Schriften sowie aus der vorhandenen Sekundärliteratur bekannt, dass Julie Aicheles Mutter einer organischen, und sie selbst einer schweren psychischen Erkrankung unterlagen. Diese anfangs zugrunde gelegte Annahme wurde durch eigene Recherchen sowie durch die Erkenntnisse, dass sowohl ihr Vater als auch ihre Schwester unter psychischen Beeinträchtigungen zu leiden hatten, modifiziert. So kann hier festgehalten werden, dass drei von sechs Mitgliedern der Familie Aichele von nervlichen Leiden erfasst wurden und die Mutter über einen langen Zeitraum körperlich schwer erkrankt war. Diese Ergebnisse stellen den Werdegang von Julie Aichele in ein neues Licht, so dass davon ausgegangen werden kann, dass sie maßgeblich von den Erkrankungen innerhalb ihrer Familie geprägt wurde. Auch ihre eigene Hypothese, dass die Atmosphäre der Familie für eine gesunde Entwicklung des Kindes wesentlich ist, kann in diesem Zusammenhang angebracht werden, sofern sie selbst von den „unbewussten Ausströmungen" ihrer Eltern spricht. Damit in Verbindung stehend wird auch die harsche Kritik an den Behandlungsmethoden und wissenschaftstheoretischen Strömungen ihrer Zeit verständlich. In sämtlichen Passagen gibt Julie Aichele wieder, wie sie im frühen Kindesalter bereits in soziale Missstände eingreift und sich gedanklich immer wieder mit diesem Themengebiet auseinandersetzt. Durch die Pflege ihrer Mutter sowie durch Gespräche mit Freunden und Personen in ihrer näheren Umgebung, entwickelt sie ein Gespür dafür, mit diesen Menschen umzugehen und entdeckt hierbei, dass nicht die Wissenschaft und ihre Behandlungsmethoden, sondern der Mensch allein die Hilfe darstellt.

Des Weiteren wird Julie Aichele von der Bewegung der Psychoanalytischen Pädagogik sowie der Kinderanalyse geprägt. Kongruent zu ihrer Vorgehensweise wird auch hier eine prophylaktische Behandlung psychischer Störungen im Kindesalter angestrebt. Ihre Auffassung eines dynamischen Verstehens seelischer Erkrankungen findet durch das Exkurskapitels noch einmal besondere Verstärkung.

Ihr aktives Eintreten und ihre intensive Auseinandersetzung mit diesem Themengebiet schlagen sich bereits in ihrem ersten Hofplan nieder. In den Lehrjahren wird ihr das Schicksal seelisch kranker Menschen durch die Teilnahme an verschiedenen gesellschaftspolitischen Bewegungen vor Augen geführt, und die Richtung ihres zukünftigen Weges zeichnet sich deutlich ab.

Den größten Wendepunkt ihres Lebens stellen drei aufeinanderfolgende Ereignisse dar: Der Tod ihrer Mutter, ihre eigene psychische Erkrankung sowie die darauf folgende Begegnung mit Wolfgang Stockmayer. Durch diese Begebenheiten rückt zum ersten Mal der Mensch Julie Aichele in den Vordergrund des Geschehens. Denn bis dahin stellte sie ihre Pläne, Wünsche und Sehnsüchte hinten an, verschrieb sich der Versorgung ihrer Eltern und verzichtete zugunsten der Geschwister vorerst auf eine eigene Ausbildung. In Folge dieses Wendepunktes und der daran anschließenden Ereignisse, rückt ihr Hofplan wieder in greifbare Nähe und von der Verwirklichung ihres Traumes, eine Einrichtung für psychisch kranke Kinder zu errichten, ist sie nicht mehr abzubringen. Diesbezüglich nimmt vor allem die *Jungsche* Psychologie eine zentrale Rolle ein. Sie eröffnet ihr die Chance, wieder zu ihrer ursprünglichen und positiven Natur zurückzufinden und gibt ihr neue Interpretationsmöglichkeiten des Lebens vor. Gleichzeitig sieht sie darin auch einen Weg, seelisch kranken Menschen zu helfen und darüber hinaus ein psychoanalytisch orientiertes Erziehungsmodell zu entwickeln, um psychischen Störungen vorzubeugen. Auf dieser Basis versucht sie, therapeutische Elemente der *Jungschen* Psychologie in einen pädagogischen Alltag mit Kindern einzuflechten. Dabei fehlen ihr grundlegende Vorgaben, und sie kann sich auf kein vorliegendes Konzept stützen. Allein die Erkenntnisse der *Jungschen* Psychologie, die bis dahin jedoch nur auf Erwachsene angewandt wurden sowie ihre eigene Intuition sind Eckpfeiler, auf die sie sich in ihrer Arbeit stützen kann.

Sie nimmt sich überdies jedoch nicht nur psychisch kranken Kindern an, sondern gewährt auch Flüchtlingen und kriegsgeschädigten Menschen in ihrem Haus Herberge. In ihrer Kooperation mit dem „Deutschen Institut für psychologische Forschung und Psychotherapie" in Berlin wird deutlich, dass Julie Aichele großen Wert darauf gelegt hat, die Wissenschaft an ihren Erkenntnissen teil-

haben zu lassen. Inwieweit sie eine Prägung durch historische und bildungsgeschichtliche Rahmenbedingungen ihrer Zeit erfährt, spiegelt sich auch in den
konzeptionellen Leitgedanken ihres Kinderheimes wider.

Hinsichtlich ihrer Erziehungsgedanken wird deutlich, dass sie stark von
dem historischen Kontext eines konventionellen und aristokratischen Systems
sowie den darin begründeten starren und autoritären Methoden geprägt wird. Sie
lehnt sich gegen eine Erziehung auf, die Kinder zu wohlerzogenen und artigen
Menschen heranbildet. Diesen Erziehungsstil bezeichnet sie in polemischer Weise als eine „Dressur". Sie hingegen rückt den Gesichtspunkt der Individualität
des Kindes in den Vordergrund und begibt sich damit in die Nähe der reformpädagogischen Bewegung „vom Kinde aus". Auch mit der Idee ihres Hofplans
kommt sie reformpädagogischen Gedanken nahe. Diese zeichnen sich darin aus,
dass sie Landwirtschaft betreiben möchte und die jungen Menschen dort beschäftigt sieht. Auch sie selbst wird beispielsweise in dem Interview mit Irmgard
Bosch als sehr schwäbisch und bodenständig beschrieben. Die Arbeit als Pädagogisches Moment findet in ihrem Konzept ebenfalls Berücksichtigung. Hier
wird eine Erziehungsmethode angewandt, welche schon seit Jahrhunderten prak-
tiziert wird, jedoch innerhalb der reformpädagogischen Bewegung wieder an die
Oberfläche tritt. Ihre aktive Teilnahme an der Frauenbewegung untermauert
schließlich noch einmal die Stärke und den Mut, den sie beweist, sich diesem
starren System als Frau entgegenzustellen.

Zu Beginn dieser Arbeit kann ihre Stellung zum Nationalsozialismus nicht
genau eingeordnet werden. Oberborbeck spricht von ihrer fachlichen Kompetenz, die verhinderte, dass ihr Kinderheim von den Nationalsozialisten übernommen wurde. Irmgard Bosch wendet sich auch von dem Gedanken ab, dass
Julie Aichele in einer Verbindung zum Nationalsozialismus stand, jedoch spricht
sie ihr eine nationale Gesinnung zu. Eugenia Mahron stellt zudem heraus, dass
Julie Aichele jüdische Kinder in ihrem Heim aufgenommen hat. Auch Zitate, die
in ihren Schriften vorgefunden werden können, belegen, dass Julie Aichele sich
vom Nationalsozialismus abwendet. Aufgrund der vorliegenden unzureichenden
Quellenlage können jedoch eindeutige Aussagen dahingehend nicht formuliert
werden und bedürfen weiterer Untersuchungen. Betont werden muss an dieser
Stelle überdies, dass Julie Aichele Mitglied einer nationalsozialistischen For-
schungseinrichtung in Berlin war, ihre Ausbildung dort absolvierte und in enger
Kooperation mit diesem Institut stand.

Durch diese Beschreibungen kann Julie Aichele als ein „Kind ihrer Zeit"
angesehen werden und das Zitat von Goethe trifft maßgeblich auf ihre Person
sowie ihren Werdegang zu.

Forschungsfrage II

Nun soll die Frage geklärt werden, inwieweit es sich bei Julie Aicheles Ausführungen tatsächlich um eine Konzeption von Erziehung handelt. Bislang wurde lediglich von einer Annäherung gesprochen, was auch bis zum Ende durchgehalten und hier auch so bestätigt werden muss, da in ihren Schriften nur vereinzelt Fragmente zu Erziehungsgedanken vorgefunden werden können, die sie als Merksätze ihren kasuistischen Beispielen anfügt. Diese stehen nicht unbedingt in kausalem Zusammenhang und unterliegen keiner Struktur, wie man sie von einer Erziehungskonzeption erwarten sollte. Des Weiteren sind sie zu sehr verstreut und werden weder durchgehend erläutert noch auf ein bestimmtes Ziel hin entwickelt. Stattdessen verhaften sie oftmals in starrer Weise. Deshalb muss hier eher von Überlegungen oder Konstrukten gesprochen werden, da keine zusammenhängende Darstellung von Seiten Julie Aicheles erfolgt.

Im Anschluss werden ihre Gedanken zur Erziehung zusammenfassend wiedergegeben, nachdem im Hauptteil versucht wurde, sie zu strukturieren, um zumindest die Ahnung einer Erziehungskonzeption zu vermitteln.

Julie Aichele legt ihrem praktischen Handeln ein theoretisches Erziehungsverständnis zugrunde, welches sie aus der *Jungschen* Psychologie ableitet und in dieser Form auch im Alltag mit den Kindern umsetzt. Sie geht davon aus, dass der Mensch schon bei der Geburt in seiner „Totalität" vorhanden ist und daher mit einer gewissen Grundausstattung in das Leben entlassen wird. Hierbei bezieht sie das „Entelechieverständnis" mit ein, nachdem der Mensch sich im Laufe seines Lebens aus seiner Schale heraus schält, bis er innerhalb des Individuationsprozesses *ganz* zu sich selbst findet. Nach *Jungscher* Interpretation geht sie davon aus, dass die Kräfte, die im Menschen angelegt sind, unter allen Umständen frei fließen müssen. Sie lehnt sich hierbei an den *Libidogedanken* mit seinen beiden Richtungsanzeigern Progression und Regression an. Unterliegt diese Lebensenergie einer Stauung entstehen im Bewusstsein neurotische Störungen. Aus diesem Verständnis heraus entwickelt Julie Aichele eine Erziehung, die „keine Erziehung zu sein scheint", sondern lediglich in der „Pflege des ganzen Menschen" und der Entfaltung seiner Kräfte begründet liegt. Aus diesem Grundsatz wird auch ersichtlich, weshalb Julie Aichele sich so sehr gegen ein autoritäres Verhalten auflehnt, welches ihrer Ansicht nach ein freies Fließen der Kräfte verhindert. Für die Erziehung fordert sie deshalb, nicht willkürlich in die Vorgänge, die sich beim Kind abspielen, einzugreifen, sondern sich tastend, horchend und wartend zu verhalten, in welche Richtung sich die Kräfte entfalten. Der Erzieher stellt in diesem Sinne nur eine Begleitung für das Kind dar und wirkt nicht direkt in das Geschehen ein.

Das Ziel der Erziehung sieht sie in einer „gefestigten Persönlichkeit", die sich zwischen einer egoistischen Haltung und einer Haltung für die Gemeinschaft aufspannt. Denn der Mensch kann nicht allein für sich, jedoch auch nicht allein für die Gemeinschaft bestehen. Durch ihr Verständnis von Erziehung versucht sie diesem Ziel nahe zu kommen.

Dass Julie Aichele dies auch tatsächlich in die Praxis umsetzt, wurde durch die Aussagen der Zeitzeugen, durch ihre Freundin Elisabeth Wießner sowie durch sie selbst belegt.

Auch ihr Bild vom Kind entwirft sie diesem Erziehungsverständnis entsprechend. So stellt sie sich hinsichtlich dessen gegen die Anschauung der Gesellschaft und fordert, das Kind als eigene Persönlichkeit ernst zu nehmen. Den Unterschied zwischen Erwachsenen und Kindern sieht sie allein in einem unterschiedlichen Grad der Bewusstheit. Aus diesem Grund verwendet Julie Aichele unter anderem auch den Begriff des „kleinen Menschen".

Den Eltern weist sie in Bezug auf das Kind *die* bedeutende Rolle zu. In der Atmosphäre, in welcher dieses aufwächst, sieht sie die entscheidende Komponente für eine gesunde Entwicklung. Des Weiteren weist sie der Familie den Ort zu, an welchem sich das Kind aus dem Kollektiven Unbewussten befreit, um danach erste Schritte in Richtung *Personabildung* zu vollziehen.

Ergänzend zu der bedeutenden Funktion der Eltern, weist sie auch dem Spiel bezüglich der geistigen und körperlichen Entwicklung des Kindes, eine elementare Aufgabe zu. Hierbei geht sie davon aus, dass die verschiedenen entwicklungspsychologischen Phasen, die ein Kind durchlebt, im Spiel aufgezeigt werden und hebt dadurch dessen Wichtigkeit hervor. Eine große Rolle spielt auch hier wieder das uneingeschränkte Fließen des *Libidostromes,* welches vor allem im Spiel gegeben ist. Mahnend tritt sie den Erwachsenen gegenüber, die das Kind oftmals nicht frei spielen lassen, sondern diesem ihre eigenen Vorschläge aufdrängen und somit ein freies Fließen der Kräfte verhindern. Auch macht Julie Aichele Vorgaben über die verschiedenen Arten von Spielzeug, die dem jeweiligen Alter angemessen sind.

In der Anwendung ihres theoretischen Erziehungsverständnisses auf neurotische Kinder, entwirft Julie Aichele die Behandlungsmethode der „Psychotherapie auf der Treppe". Hierbei verknüpft sie ihre theoretischen Gedanken zur Erziehung mit therapeutischen Elementen aus der *Jungschen* Psychologie. Dies stellt für sie ein Verfahren dar, um in die Gedankenwelt und in die Seele des Kindes einzudringen, um sie von ihren Leiden zu befreien.

Die Entstehung von neurotischen Störungen sieht sie in einer Stauung des *Libidostromes* gegeben, die sie mit Hilfe der Komplextheorie von C. G. Jung interpretiert. Durch die Verhaftung der *Libido* im Komplex wird der Strom am Weiterfließen gehindert. Das Kind kann sich infolgedessen nicht mehr altersgemäß entwickeln und fällt in frühere Entwicklungsphasen zurück; in psychischer oder psychosomatischer Hinsicht.

Julie Aichele unterscheidet zweierlei Störungen. Die eine liegt im Kind selbst begründet, die andere wird von den Eltern auf dieses übertragen. Des Weiteren können die Störungen je nach Intensität in der Persönlichen oder der Kollektiven Zone des Unbewussten liegen, welche jeweils unterschiedlicher Behandlungsmethoden bedürfen, die Julie Aichele der *Jungschen* Psychologie entlehnt. Innerhalb der Persönlichen Zone arbeitet sie mit der Anamnestischen Analyse, innerhalb des Kollektiven Bereiches mit Symbolen und Darstellungen, die sich in archetypischen Mustern äußern. Es wird deutlich, dass sie in Anlehnung an Jung kein einheitliches Verfahren anwendet, sondern individuell mit den neurotischen Erkrankungen der Kinder umgeht.

Bezüglich der Störungen weist sie auch dem Milieu ihres Kinderheimes eine wesentliche Bedeutung zu. Für unterschiedliche Erkrankungen hebt sie unterschiedliche Wirkungsweisen des therapeutischen Settings hervor. Des Weiteren weist Julie Aichele auf die zentrale Rolle der Gleichaltrigen hin.

In den Eltern sieht sie die häufigste Ursache von kindlichen Störungen begründet. Sie geht davon aus, dass diese ihre Neurose aufgrund eigener Schwächen nicht leben können. Durch die tiefe Verwobenheit, die zwischen Kind und Eltern besteht, tritt die neurotische Störung am Kind in Erscheinung. Aus diesem Grund sieht sie die Eltern als die eigentlichen Behandlungsbedürftigen an. Dies erklärt, weshalb sie ihren Schwerpunkt auf die Arbeit mit Eltern gelegt hat. Somit kann festgehalten werden, dass sich Julie Aichele bereits in der ersten Hälfte des 20. Jahrhunderts systemischen Gedanken und Verfahren annähert.

Aufgrund der Erkenntnisse, die sich ihr aus der Arbeit mit psychisch kranken Kindern erschließen, fordert Julie Aichele von den Erwachsenen, sich zwei wesentliche und unablässige Grundsätze einzuverleiben. Zum einen gilt es, sich der mangelnden Artikulationsfähigkeit des Kindes bewusst zu werden sowie eine Sensibilisierung hinsichtlich seiner Äußerungen zu entwickeln. Zum anderen fordert sie eine wachsende Motivation dahingehend, sich mit psychologischen Fragen und Sachverhalten zu beschäftigen, besonders in Bezug auf die kindliche Erziehung.

Zusammenfassend kann gesagt werden, dass Julie Aicheles Erziehungsgedanken auch immer analog zum Ziel des Lebens überhaupt – der Individuation – zu verstehen sind.

Ausblick

Wagt man nun einen Blick in die Zukunft und wie mit den gewonnenen Erkenntnissen und Ergebnissen prospektiv umgegangen werden kann, so ergeben sich weitreichende Perspektiven. Durch den interdisziplinären Charakter des Themengebietes eröffnet sich die Möglichkeit, sich diesem stets auf neue Weise anzunähern. So könnte beispielsweise mit dem Fokus der Psychologie, der Geschichte, der Geschichte der Medizin, der Gender-Forschung oder der Heilpädagogik auf das Thema geblickt werden. Des Weiteren liegt es nahe, Bezüge zu anderen vergleichbaren Projekten herzustellen. Hier sind beispielsweise Siegfried Bernfelds Kinderheim Baumgarten oder August Aichhorns Projekt in Oberhollabrunn zu nennen, die in gleicher Weise wie Julie Aichele den Versuch unternommen haben, psychoanalytische Gedanken in die Erziehung einfließen zu lassen.

Darüber hinaus wäre es durchaus interessant, Gemeinsamkeiten und Unterschiede zwischen den konzeptionellen Leitgedanken von Julie Aichele und denen der heutigen Kinder- und Jugendhilfeeinrichtung „Haus Aichele" herauszuarbeiten. Hierbei könnte die Frage beantwortet werden, inwieweit Julie Aicheles praktisches Schaffen in der heutigen Zeit noch umgesetzt wird, bzw. umgesetzt werden kann.

Auch die Aktualität, die diesem Themengebiet innewohnt, könnte Anlass für weitere Forschungsprojekte sein. Denn gerade der Erfolg von beispielsweise „Doku-Soaps" über Erziehung, spiegelt den Bedarf der Gesellschaft an der Interpretation von Erziehungsschwierigkeiten wider. Julie Aichele gibt hier *ihre* Antwort, die innerhalb dieser Diskussion nicht unberücksichtigt bleiben sollte.

An dieser Stelle kann festgehalten werden, dass zahlreiche Bruchstücke eines wertvollen Untersuchungsgegenstandes gefunden werden konnten. Dennoch sollte die Suche sich hier nicht erschöpfen und keine Mühe gescheut werden, die restlichen Teile zu finden und hinzuzufügen. Oder im Sinne Julie Aicheles gesprochen: *Eine Stufe der Treppe wurde bereits bestiegen, zahlreiche weitere liegen noch vor uns.*

Literatur

BERG, Christa (1991): Familie, Kindheit, Jugend. In: BERG, Christa (Hrsg.): Handbuch der deutschen Bildungsgeschichte. Von der Reichsgründung bis zum Ende des Ersten Weltkriegs 1870-1918. Band 4, München. S. 91-145.

BERG, Christa/HERRMANN, Ulrich (1991): Industriegesellschaft und Kulturkrise. Ambivalenzen der Epoche des Zweiten Deutschen Kaiserreichs 1870-1918. In: BERG, Christa (Hrsg.): Handbuch der deutschen Bildungsgeschichte. Von der Reichsgründung bis zum Ende des Ersten Weltkriegs 1870-1918. Band 4, München. S. 1-32.

BIERMANN, Gerd (1969): Zur Geschichte der analytischen Kinderpsychotherapie. In: BIERMANN, Gerd (Hrsg.): Handbuch der Kinderpsychotherapie. Band 1, München & Basel. S. 1-18.

BRENNER-WILCZEK, Sabine/CEPL-KAUFMANN, Gertrude/PLASSMANN, Max (2006): Einführung in die moderne Archivarbeit. Darmstadt.

COMENIUS, Johann A. (1657/1970): Große Didaktik. Übersetzt und herausgegeben von Andreas Flitner. 4. Auflage, Düsseldorf & München.

DRECHSLER, Judith (1994): Zur Geschichte der Kinder- und Jugendpsychiatrie im deutschsprachigem Raume des 19. Jahrhunderts. Würzburg.

ELLENBERGER, Henry F. (1996): Die Entdeckung des Unbewußten. Geschichte und Entwicklung der dynamischen Psychiatrie von den Anfängen bis zu Janet, Freud, Adler und Jung. Bern.

ENGBARTH, Anette (2003): Die Geschichte der Kinder- und Jugendpsychiatrie und ihre Bedeutung für die heutige Praxis. Frankfurt am Main.

FLITNER, Wilhelm (1984): Zur Einführung. In: FLITNER, Wilhelm/KUDRITZKI, Gerhard (Hrsg.): Die deutsche Reformpädagogik. Die Pioniere der Pädagogischen Bewegung. Band 1, 4., unveränderte Auflage, Stuttgart. S. 9-36.

FLITNER, Andreas (2001): Reform der Erziehung. Impulse des 20. Jahrhunderts. Weinheim & Basel.

FREUD, Sigmund (1909): Analyse der Phobie eines fünfjährigen Knaben. Der kleine Hans. In: MITSCHERLICH, Alexander/RICHARDS, Angela/STRACHEY, James (Hrsg.) (1969): Zwei Kinderneurosen. Studienausgabe, Band 8, Frankfurt am Main. S. 9-123.

GIESECKE, Hermann (1981): Vom Wandervogel bis zur Hitlerjugend. Jugendarbeit zwischen Politik und Pädagogik. München.

GLÄSER, Jochen/LAUDEL, Grit (2009): Experteninterviews und qualitative Inhaltsanalyse als Instrumente rekonstruierender Untersuchungen. 3., überarbeitete Auflage, Wiesbaden.

GOETHE, Johann Wolfgang von (1966): Dichtung und Wahrheit. Band 5, Frankfurt am Main.

GÖPPEL, Rolf (1989): „Der Friederich, der Friederich...". Das Bild des „schwierigen Kindes" in der Pädagogik des 19. und 20. Jahrhunderts. Würzburg.

GRAEVENITZ, Jutta von (1973): Jutta von Graevenitz. In: PONGRATZ, Ludwig J. (Hrsg.): Psychotherapie in Selbstdarstellungen. Bern. S. 205-227.

HERRMANN, Ulrich (1991): Pädagogisches Denken und Anfänge der Reformpädagogik. In: BERG, Christa (Hrsg.): Handbuch der deutschen Bildungsgeschichte. Von der Reichsgründung bis zum Ende des Ersten Weltkriegs 1870-1918. Band 4, München. S. 147-174.

HILLENBRAND, Clemens (2006): Einführung in die Pädagogik bei Verhaltensstörungen. 3., überarbeitete Auflage, München & Basel.

HITZLER, Ronald/HONER, Anne/MAEDER, Christoph (Hrsg.) (1994): Expertenwissen. Die institutionalisierte Kompetenz zur Konstruktion von Wirklichkeit. Opladen.

HOLDER, Alex (2002): Psychoanalyse bei Kindern und Jugendlichen. Geschichte, Anwendungen, Kontroversen. Stuttgart.

JACOBI, Jolande (1940): Die Psychologie von C. G. Jung. Eine Einführung in das Gesamtwerk mit 8 farbigen und 9 einfarbigen Illustrationen und 18 Diagrammen. 3., erweiterte und neu bearbeitete Auflage, Zürich.

JACOBI, Jolande (1959): Die Psychologie von C. G. Jung. Eine Einführung in das Gesamtwerk mit 8 farbigen und 9 einfarbigen Illustrationen und 18 Diagrammen. 4., erweiterte und neubearbeitete Auflage, Zürich & Stuttgart.

JACOBI, Jolande (1965): Der Weg zur Individuation. Zürich & Stuttgart.

JACOBY, Mario (1998): Grundformen seelischer Austauschprozesse. Jungsche Therapie und neuere Kleinkindforschung. Zürich & Düsseldorf.

JUNG, Carl G. (1936): Analytische Psychologie und Erziehung. 3 Vorlesungen, gehalten in London im Mai 1924. Zürich & Leipzig.

JUNG, Carl G. (1943): Über die Psychologie des Unbewussten. 5., vermehrte und verbesserte Auflage von Das Unbewusste im normalen und kranken Seelenleben. Zürich.

JUNG, Carl G. (1946): Psychologie und Erziehung. Zürich.

JUNG, Carl G. (1950): Psychologische Typen. Zürich.

JUNG, Carl G. (1958): Allgemeine Probleme der Psychotherapie. In: NIEHUS-JUNG, Marianne/HURWITZ-EISNER, Lena/RIKLIN, Franz (Hrsg.): Praxis der Psychotherapie. Beiträge zum Problem der Psychotherapie und zur Psychologie der Übertragung. Gesammelte Werke von C. G. Jung. Band 16, Zürich & Stuttgart. S. 1-117.

JUNG, Carl G. (1969): Über Grundlagen der Analytischen Psychologie. Die Tavistock Lectures 1935. Zürich & Stuttgart.

JUNG, Carl G. (1972): Einführung zu Frances G. Wickes „Analyse der Kinderseele". In: JUNG-MERKER, Lilly/RÜF, Elisabeth (Hrsg.): Über die Entwicklung der Persönlichkeit. Gesammelte Werke von C. G. Jung. Band 17, Olten & Freiburg im Breisgau. S. 49-58.

JUNG, Carl G. (1976): Über die Energetik der Seele. In: NIEHUS-JUNG, Marianne/HURWITZ-EISNER, Lena/RIKLIN, Franz/JUNG-MERKER, Lilly/RÜF, Elisabeth (Hrsg.): Die Dynamik des Unbewussten. Gesammelte Werke von C. G. Jung.

Band 8, 2., originalgemäß revidierte Auflage, Olten & Freiburg im Breisgau. S. 13-78.

KAST, Verena (2002): Die Dynamik der Symbole. Grundlagen der Jungschen Psychotherapie. 4. Auflage, München.

KIRSCH, Thomas B. (2007): C. G. Jung und seine Nachfolger. Die internationale Entwicklung der Analytischen Psychologie. Gießen.

KOCH, Julius L. (1891): Die Psychopathischen Minderwertigkeiten. Ravensburg.

KRANEFELDT, Wolfgang M. (1950): Therapeutische Psychologie. Freud - Adler - Jung. 2. Auflage, Berlin.

KRUMENACKER, Franz-Josef (1998): Bruno Bettelheim. Grundpositionen seiner Theorie und Praxis. München & Basel.

LANGEWIESCHE, Dieter/TENORTH, Heinz-Elmar (1989): Bildung, Formierung, Destruktion. Grundzüge der Bildungsgeschichte von 1918-1945. In: LANGEWIESCHE, Dieter/TENORTH, Heinz-Elmar (Hrsg.): Handbuch der deutschen Bildungsgeschichte. Die Weimarer Republik und die nationalsozialistische Diktatur 1918-1945. Band 5, München. S. 1-24.

LEYEN, Ruth von der (1931): Die Eingliederung der Fürsorge für jugendliche Psychopathen in Jugendrecht und Erziehung. In: Zeitschrift für Kinderforschung. Band 38, Berlin.

LOCKOT, Regine (1985): Erinnern und Durcharbeiten. Zur Geschichte der Psychoanalyse und Psychotherapie im Nationalsozialismus. Frankfurt am Main.

LORENZ, Sönke/SCHMAUDER, Andreas (Hrsg.) (2004): Beuren und Balzholz. Die Geschichte einer Gemeinde am Fuß der schwäbischen Alb. Filderstadt.

MAYRING, Philipp (2008): Qualitative Inhaltsanalyse. Grundlagen und Techniken. 10., neu ausgestattete Auflage, Weinheim & Basel.

MEINECKE, Friedrich (1941): Erlebtes 1862-1901. Leipzig.

MEUSER, Michael/NAGEL, Ulrike (1991): ExpertInneninterviews - vielfach erprobt, wenig bedacht. Ein Beitrag zur qualitativen Methodendiskussion. In: GARZ, Detlef/KRAIMER, Klaus (Hrsg.): Qualitativ-empirische Sozialforschung. Konzepte, Methoden, Analysen. Opladen. S. 441-471.

MEUSER, Michael/NAGEL, Ulrike (1997): Das ExpertInneninterview - Wissenssoziologische Voraussetzungen und methodische Durchführung. In: FRIEBERTSHÄUSER, Barbara/PRENGEL, Annedore (Hrsg.): Handbuch Qualitative Forschungsmethoden in der Erziehungswissenschaft. Weinheim & München. S. 481-491.

MÖCKEL, Andreas (1988): Geschichte der Heilpädagogik. Stuttgart.

MÜLLER-BRÜHN, Elisabeth (1996): Geschichte und Entwicklung des Instituts für analytische Kinder- und Jugendlichen-Psychotherapie in Frankfurt am Main. In: PLÄNKERS, Tomas/LAIER, Michael/OTTO, Hans-Heinrich/ROTHE, Hans-Joachim/SIEFERT, Helmut (Hrsg.): Psychoanalyse in Frankfurt am Main. Zerstörte Anfänge, Wiederannäherung, Entwicklungen. Tübingen. S. 654-702.

MYSCHKER, Norbert (2009): Verhaltensstörungen bei Kindern und Jugendlichen. Erscheinungsformen – Ursachen – Hilfreiche Maßnahmen. 6., überarbeitete und aktualisierte Auflage, Stuttgart.

NISSEN, Gerhardt (2005): Kulturgeschichte seelischer Störungen bei Kindern und Jugendlichen. Stuttgart.

OBERBORBECK, Klaus W. (1992): Zur Frage der Identität des Kinder- und Jugendlichen Psychotherapeuten, verdeutlicht an der Geschichte der Kinderanalyse zwischen 1933 und 1945 in Deutschland und der Nachkriegsentwicklung. Unveröffentlichtes Manuskript.

OBERBORBECK, Klaus W. (1993): Julie Aichele (1887-1946): Eine der wenigen Kindertherapeutinnen in Deutschland zwischen 1933 und 1945. In: Analytische Psychologie. 24. Jg./Heft 3, S. 184-203.

OBERBORBECK, Klaus W. (1999): Auf den Spuren der Entwicklung der Kindertherapie in Deutschland. Julie Aichele, eine der wenigen und fast vergessenen Kindertherapeutinnen vor 1945. Unveröffentlichtes Manuskript.

ODENBACH, Karl (1963): Die deutsche Arbeitsschule. Braunschweig.

O.V. (1895): Adress- und Geschäftshandbuch der königlichen Haupt- und Residenzstadt Stuttgart für das Jahr 1895. Stuttgart.

O.V. (1928): Meyers Lexikon. Band 9, 7. Auflage in vollständig neuer Bearbeitung, Leipzig.

REDL, Fritz (1971): Erziehung schwieriger Kinder. Beiträge zu einer psychotherapeutisch orientierten Pädagogik. München.

REHM, Willy (1968): Die psychoanalytische Erziehungslehre. Anfänge und Entwicklung. München.

ROTH, Wolfgang (2003): Einführung in die Psychologie C. G. Jungs. Düsseldorf.

RÖTHLISBERGER, Esther (1978): Individuation und Selbstwerdung. Interpretationen zu der Individuationslehre C. G. Jungs. Zürich.

SAMUELS, Andrew/SHORTER, Bani/PLAUT, Fred (1989): Wörterbuch Jungscher Psychologie. München.

SCHAUDE, Anne (2002): Wo Seele und Geist sich wieder vereinigen können. Frau Julie Aichele. Unveröffentlichtes Manuskript.

SCHAUDE, Anne (2003): „Wenn Seele und Geist sich wieder vereinen": Julie Aichele. In: „Wir hatten alle eine Vision". Nürtinger Frauen im Fürsorgewesen. Frauenspuren Band 1, Nürtingen & Frickenhausen. S. 62-70.

SCHEIBE, Wolfgang (1994): Die Reformpädagogische Bewegung 1900-1932. Eine einführende Darstellung. 10., erweiterte und neuausgestattete Auflage, Weinheim & Basel.

SCHLEGEL, Leonhard (1973): Grundriß der Tiefenpsychologie unter besonderer Berücksichtigung der Neurosenlehre und Psychotherapie. Die Polarität der Psyche und ihre Integration. Eine kritische Darstellung der Psychologie von C. G. Jung. Band 4, München.

SKIERA, Ehrenhard (2003): Reformpädagogik in Geschichte und Gegenwart. Eine kritische Einführung. München & Wien.

STEIN, Murray (2000): C. G. Jungs Landkarte der Seele. Eine Einführung. Düsseldorf & Zürich.

TENORTH, Heinz-Elmar (1989): Pädagogisches Denken. In: LANGEWIESCHE, Dieter/TENORTH, Heinz-Elmar (Hrsg.): Handbuch der deutschen Bildungsgeschichte. Die Weimarer Republik und die nationalsozialistische Diktatur 1918-1945. Band 5, München. S. 111-153.

WERNER, Angela (1983): Zur Geschichte der Kinderpsychotherapie im 19. Jahrhundert. Würzburg.

WICKES, Frances G. (1931): Analyse der Kinderseele. Untersuchung und Behandlung nach den Grundlagen der Jungschen Theorie. Mit einer Einleitung von C. G. Jung. Stuttgart.

WOLFF, Toni (1981): Studien zu C. G. Jungs Psychologie. 2. Auflage, Zürich.

ZIEHEN, Theodor (1912): Die Erkennung der psychopathischen Konstitutionen (krankhaften seelischen Veranlagungen) und die öffentliche Fürsorge für psychopathisch veranlagte Kinder. Berlin.

Archivalien

Staatsarchiv Ludwigsburg: E 203 I Bü 7. Ministerialabteilung für die höheren Schulen: Personalakten von Lehrern. Aichele, Karl Julius Theodor. 1877-1913, 1927, 1934.

Staatsarchiv Ludwigsburg: E 203 I Bü 1903. Ministerialabteilung für die höheren Schulen: Personalakten von Lehrern. Aichele, Katharina. 1908-1926.

Staatsarchiv Ludwigsburg: E 191 Bü 4329. Anstalten und Heime in Württemberg. Beuren (Oberamt Nürtingen), Kinderheim der Julie Aichele. 1929.

Staatsarchiv Ludwigsburg: E 191 Bü 3660. Anstalten und Heime in Württemberg. Beuren (Oberamt Nürtingen), Kinderheim der Julie Aichele. 1936-1943.

Staatsarchiv Ludwigsburg: F 441 Bü 389. Olgastift Stuttgart, Schülerinnen-Verzeichnisse 1873-1900.

Staatsarchiv Ludwigsburg: F 441 Bü 267. Katharinenstift Stuttgart, Schülerinnen-Verzeichnisse 1890-1899.

Schriften von Julie Aichele

AICHELE, Julie (1) (1928): Kindliche Probleme. Eine psychologische Studie. Unveröffentlichtes Manuskript.[29]

AICHELE, Julie (2) (1928): Das Kind als Persönlichkeit. Unveröffentlichtes Manuskript.

AICHELE, Julie (3) (1929): Milieuwechsel und psychische Entwicklung. Rundfunkvortrag vom 1. Oktober 1929 in Stuttgart. Unveröffentlichtes Manuskript.

AICHELE, Julie (4) (1933): Weihnachten 1933. Unveröffentlichtes Manuskript.

AICHELE, Julie (5) (1933/34): Etwas vom Mythos von der alten Frau. Unveröffentlichtes Manuskript.

AICHELE, Julie (8) (1936): Erziehersorgen. In: Mitteilungen für württembergische Säuglingspflegerinnen und -schwestern Nr. 4, Stuttgart. Seite 1-4.

---

[29] Innerhalb dieser Arbeit wurde mit der Veröffentlichung dieses Aufsatzes gearbeitet: Julie Aichele (1929): Die Probleme des Kindes. Eine psychologische Studie. Nürtingen.

AICHELE, Julie (9) (1937): Gezeichnete. In: Hippokrates. Wochenschrift für neue deutsche Heilkunde, 8. Jg./Heft 13, Stuttgart & Leipzig. S. 314-315.

AICHELE, Julie (10) (1937): Psychogene Appetitlosigkeit bei Kindern. In: Die Ärztin, 13. Jg./Heft 8, Berlin. S. 234-237.

AICHELE, Julie (11) (1937): Nöte der Kinderstube. In: Mitteilungen für württembergische Säuglingspflegerinnen und -schwestern Nr. 3, Stuttgart. S. 2-3.

AICHELE, Julie (12) (1937): Das Archetypische in der Kindheit. Unveröffentlichtes Manuskript.

AICHELE, Julie (14) (1940): Das Tier in Traum und Phantasie der Jugendlichen. In: Zentralblatt für Psychotherapie und ihre Grenzgebiete einschliesslich der medizinischen Psychologie und psychischen Hygiene. Band 12/Heft 1. S. 12-23.

AICHELE, Julie (15) (1940): Zur Frage des Schuldispenses während einer psychologischen Behandlung. In: Die Ärztin, 16. Jg./Heft 4, Berlin. S. 89-93.

AICHELE, Julie (17) (1943): Bericht von Julie Aichele. Unveröffentlichtes Manuskript.

AICHELE, Julie (18) (1943): Zum 10. März 1943. Unveröffentlichtes Manuskript.

AICHELE, Julie (20) (o.J.): Die seelische Beziehung zwischen Eltern und Kind. Würzburg.

AICHELE, Julie (22) (o.J.): Warum wir uns um Psychologie kümmern. Unveröffentlichtes Manuskript.

AICHELE, Julie (23) (o.J.): Unsere Kinder spielen. Unveröffentlichtes Manuskript.

AICHELE, Julie (25) (o.J.): Welchen Sinn hat es sich mit seinen Kindheitserinnerungen abzugeben? Unveröffentlichtes Manuskript.

AICHELE, Julie (26) (o.J.): Affekte, Triebe, Willensschulung. Unveröffentlichtes Manuskript.

AICHELE, Julie (27) (o.J.): Die Einbeziehung der Eltern in die Neurosenbehandlung der Kinder. Unveröffentlichtes Manuskript.

AICHELE, Julie (28) (o.J.): Hexengrund. Unveröffentlichtes Manuskript.

AICHELE, Julie (29) (o.J.): Das Man. Unveröffentlichtes Manuskript.

AICHELE, Julie (31) (o.J.): Wenn wir von Kinderpsychologie sprechen... Unveröffentlichtes Manuskript.

AICHELE, Julie (32) (o.J.): Mein Weg, meine Absicht, meine Erfahrung. Unveröffentlichtes Manuskript.

Schriften über Julie Aichele

AICHELE, Julie (a) (o.J.): Erinnerungsblatt. Unveröffentlichtes Manuskript.

AICHELE, Julie (b) (1946): Trauerfeier für Julie Aichele am 01. Mai 1946 zu Beuren, Kreis Nürtingen. Unveröffentlichtes Manuskript.

Elektronische Medien

HAUS AICHELE (2006): Geschichte. Online:
   URL: http://www.haus-aichele.de/pages/frameseiten.htm
   [Datum der Recherche 24.02.2009].
PIPIORKE, Dieter (2006): „Bedeutende Persönlichkeiten aus der Geschichte Beurens".
   Julie Aichele (1887-1946). Online:
   URL: http://www.beuren.de/pdf/beuren_KW_46.pdf
   [Datum der Recherche 24.02.2009].
WESLE, Thomas (o.J.): Chronik zur Geschichte der Stuttgarter Akademie. Online:
   URL: http://www.akademie-stuttgart.de/chronik.htm
   [Datum der Recherche 03.02.2009].

VS Forschung | VS Research
Neu im Programm Psychologie

Marina Brandes
Wie wir sterben
Chancen und Grenzen einer
Versöhnung mit dem Tod
2011. 144 S. Br. EUR 34,95
ISBN 978-3-531-17886-8

Tobias Böhmelt
**International Mediation
Interaction**
Synergy, Conflict, Effectiveness
2011. 145 S. Br. EUR 34,95
ISBN 978-3-531-18055-7

Peter Busch
**Ökologische Lernpotenziale
in Beratung und Therapie**
2011. 287 S. Br. EUR 39,95
ISBN 978-3-531-17949-0

Thomas Casper-Kroll
**Berufsvorbereitung aus
entwicklungspsychologischer
Perspektive**
Theorie, Empirie und Praxis
2011. 111 S. Br. EUR 34,95
ISBN 978-3-531-17906-3

Michael Stephan /
Peter-Paul Gross (Hrsg.)
**Organisation und Marketing
von Coaching**
Aktueller Stand in Forschung und Praxis
2011. 293 S. Br. EUR 39,95
ISBN 978-3-531-17830-1

Erhard Tietel / Roland Kunkel (Hrsg.)
Reflexiv-strategische Beratung
Gewerkschaften und betriebliche Interes-
senvertretungen professionell begleiten
2011. 227 S. Br. EUR 29,95
ISBN 978-3-531-17955-1

Robert H. Wegener / Agnès Fritze /
Michael Loebbert (Hrsg.)
Coaching entwickeln
Forschung und Praxis im Dialog
2011. 264 S. Br. EUR 34,95
ISBN 978-3-531-18024-3

Erhältlich im Buchhandel oder beim Verlag.
Änderungen vorbehalten. Stand: Juli 2011.

Einfach bestellen:
SpringerDE-service@springer.com
tel +49 (0)6221 / 3 45 – 4301
springer-vs.de

The manufacturer's authorised representative in the EU is Springer
Nature Customer Service Centre GmbH, Europaplatz 3, 69115 Heidelberg,
Germany. If you have any concerns regarding our products, please
contact ProductSafety@springernature.com

Printed and bound by CPI Group (UK) Ltd, Croydon, CR0 4YY
27/04/2026
02097640-0006